AF742533

Tendenze dell'OCSE sulla concorrenza 2024

OECD
MIGLIORI POLITICHE
PER UNA VITA MIGLIORE

La presente opera è pubblicata sotto la responsabilità del Segretario Generale dell'OCSE. Le opinioni espresse e le conclusioni raggiunte non corrispondono necessariamente alle posizioni ufficiali dei governi dei Paesi membri dell'OCSE.

Il presente documento, così come tutti i dati e tutte le mappe geografiche che esso comprende, non pregiudica lo status o la sovranità su ogni territorio, con riferimento alla delimitazione delle frontiere e dei confini internazionali e alla denominazione di ogni territorio, città o area.

I dati statistici concernenti Israele sono forniti dalle autorità israeliane competenti e sotto la responsabilità delle stesse. L'uso di tali dati da parte dell'OCSE non pregiudica lo status delle Alture del Golan, di Gerusalemme Est e degli insediamenti israeliani in Cisgiordania ai sensi del diritto internazionale.

Si prega di citare sempre la presente pubblicazione come riportato qui sotto:
OECD (2025), *Tendenze dell'OCSE sulla concorrenza 2024*, OECD Publishing, Paris, https://doi.org/10.1787/b6c6f9f0-it.

ISBN 978-92-64-62541-9 (Stampa)
ISBN 978-92-64-64957-6 (PDF)
ISBN 978-92-64-79965-3 (HTML)

Titolo originale: OECD (2024), *OECD Competition Trends 2024*, OECD Publishing, Paris, https://doi.org/10.1787/e69018f9-en.
Il presente documento è stato tradotto dalla Sezione linguistica italiana dell'OCSE. Le uniche versioni ufficiali sono i testi in inglese e/o francese.

Illustrazioni: Illustrazione di copertina di Ferdio basata su © phochi/Getty images.

Gli errata corrige delle pubblicazioni possono essere consultati online sul sito: https://www.oecd.org/en/publications/support/corrigenda.html.

© OECD 2025

Attribution 4.0 International (CC BY 4.0)

La presente opera è resa disponibile ai sensi della licenza internazionale "Creative Commons Attribution 4.0". Utilizzando tale opera si accettano implicitamente le condizioni di utilizzo di tale licenza (https://creativecommons.org/licenses/by/4.0/).

Attribuzione – è obbligatorio citare l'opera.

Traduzioni – è obbligatorio citare l'opera originale, identificare le modifiche all'originale e inserire la seguente dicitura: *In presenza di eventuali discrepanze tra l'opera originale e la traduzione, fa esclusivamente fede il testo originale.*

Adattamenti – è obbligatorio citare l'opera originale e aggiungere la seguente dicitura: *La presente opera è un adattamento di un lavoro originale dell'OCSE. Le opinioni espresse e le argomentazioni utilizzate in questo adattamento non rispecchiano necessariamente la posizione ufficiale dell'OCSE e dei suoi Paesi membri.*

Contenuti di parti terze – la licenza non si applica ai contenuti di parti terze presenti nell'opera. Qualora l'utente utilizzi tali contenuti, ha la responsabilità di ottenere l'autorizzazione da dette parti terze ed è ritenuto responsabile di qualsiasi reclamo per violazione.

È fatto divieto di utilizzare il logo dell'OCSE, l'identità visiva o l'immagine di copertina in assenza di esplicita autorizzazione. È altresì vietato implicare che l'OCSE approvi l'utilizzo dell'opera da parte dell'utente.

Qualsiasi controversia derivante dalla presente licenza sarà risolta mediante arbitrato in conformità del Regolamento arbitrale del 2012 della Corte permanente di arbitrato (CPA). La sede dell'arbitrato sarà Parigi (Francia). Il numero di arbitri sarà uno.

Prefazione

La quinta edizione della pubblicazione *OECD Competition Trends* (*Tendenze dell'OCSE sulla concorrenza*) presenta approfondimenti inediti riguardo alle tendenze della concorrenza a livello mondiale, basandosi su dati provenienti da 77 giurisdizioni della zona OCSE e non appartenenti all'OCSE. Il presente rapporto analizza dati pluriennali servendosi di numerosi indicatori economici e giuridici presenti nella banca dati *CompStats* dell'OCSE, con una particolare attenzione ai principali sviluppi del 2022. In tal modo, il rapporto *Tendenze dell'OCSE sulla concorrenza 2024* promuove un'elaborazione consapevole delle politiche e contribuisce al miglioramento delle leggi e delle politiche sulla concorrenza a livello mondiale.

Il Comitato per la concorrenza dell'OCSE, che include i rappresentanti delle principali autorità garanti della concorrenza a livello mondiale, è la fonte primaria da cui i governi traggono analisi politiche e raccomandazioni per sfruttare al meglio le forze di mercato nell'interesse di una maggiore efficienza e prosperità economica a livello globale. Da oltre 60 anni, l'OCSE e il Comitato per la concorrenza hanno assunto un ruolo di primo piano nella definizione di un quadro per la cooperazione internazionale tra le autorità garanti della concorrenza. Le derivanti raccomandazioni, buone prassi e tavole rotonde sulle politiche fungono sia da modello e ispirazione per le iniziative nazionali, sia da strumenti per la condivisione delle migliori pratiche mondiali in materia di diritto e politiche di concorrenza. Ai funzionari addetti alla concorrenza provenienti da Paesi sia sviluppati che in via di sviluppo viene offerta una piattaforma unica per monitorare l'evoluzione delle politiche e dell'applicazione delle norme in materia di concorrenza, nonché per discutere di nuove soluzioni al fine di migliorarne l'efficacia.

Risultato di un'iniziativa avviata nel 2018, la banca dati *CompStats* dell'OCSE elabora statistiche generali riguardanti le autorità garanti della concorrenza, includendo dati sull'applicazione delle norme e risorse, nonché informazioni sulle iniziative di promozione della concorrenza. I dati, che al momento coprono il periodo 2015-2022, vengono raccolti annualmente e presentati principalmente a livello aggregato, combinando le informazioni relative alle singole giurisdizioni. Le analisi a livello aggregato si concentrano su: (i) tutte le giurisdizioni partecipanti ("Tutte le giurisdizioni"); (ii) due gruppi composti da giurisdizioni della zona OCSE e non appartenenti all'OCSE; (iii) quattro regioni geografiche (Americhe, Asia-Pacifico, Europa, Medio Oriente e Africa (MOA)). Quest'anno, le giurisdizioni partecipanti hanno acconsentito a rendere pubblici i dati riguardanti il controllo delle fusioni, pertanto i dati nella relativa sezione non vengono presentati esclusivamente su base aggregata. L'obiettivo non è quello di stilare una classifica delle giurisdizioni, poiché risulta impossibile date le specificità dei diversi regimi di fusione. Tuttavia, tale iniziativa permette di comprendere meglio i dati e studiare fenomeni specifici alle singole giurisdizioni.

Nel presente rapporto, alcune cifre relative agli scorsi anni possono differire da quelle presentate nelle versioni precedenti di *Tendenze dell'OCSE sulla concorrenza* per diversi motivi, quali: (i) quest'anno la Costa Rica è stata inclusa nei valori medi dell'OCSE poiché è diventata Paese membro dell'Organizzazione nel maggio 2021, pertanto il 2022 è stato il suo primo anno completo come membro; (ii) alcune giurisdizioni hanno fornito informazioni che negli anni precedenti non erano disponibili; (iii) alcune giurisdizioni hanno fornito statistiche aggiornate in riferimento ad alcune variabili.

Data la costante evoluzione del ruolo e degli ambiti di applicazione del diritto e delle politiche in materia di concorrenza, gli strumenti delle autorità garanti devono continuare a potenziarsi e assimilare gli insegnamenti acquisiti da altre giurisdizioni. La presente pubblicazione contribuisce ad aiutare i decisori politici e i responsabili dell'applicazione delle norme sulla concorrenza a restare al passo con le diverse modalità attraverso le quali il diritto e le politiche di concorrenza vengono applicati a livello mondiale.

La pubblicazione è stata redatta dalla Divisione per la concorrenza dell'OCSE, in particolare dal team composto da Wouter Meester a capo del progetto, Daniel Westrik, Aura García Pabón, Manuela Sánchez e Alberto Gómez, tutti parte della Divisione per la concorrenza dell'OCSE. Il rapporto si è avvalso delle osservazioni e dei consigli di Ori Schwartz e Antonio Capobianco, rispettivamente direttore e vicedirettore della Divisione per la concorrenza dell'OCSE. Il documento è stato inoltre preparato per la pubblicazione da Erica Agostinho. Gli autori ringraziano le singole autorità garanti della concorrenza delle giurisdizioni partecipanti che hanno fornito le informazioni sulle quali si basa gran parte della presente pubblicazione.

Indice

Prefazione 3

Sintesi 7

1 La banca dati *CompStats* dell'OCSE in sintesi 12
Copertura regionale della banca dati *CompStats* dell'OCSE 13
Dati disponibili nella banca dati *CompStats* 13
Panoramica delle risorse per la concorrenza e delle attività di controllo 13

2 Principali sviluppi nel 2022 15
Risorse 16
Contrasto ai cartelli 18
Contrasto all'abuso di posizione dominante 25
Sanzioni 31
Attività di promozione della concorrenza 34

3 Analisi approfondita: le tendenze nel controllo delle fusioni 36
Tendenze nel controllo delle fusioni nella banca dati *CompStats* 37
Tendenze dei dati dell'OCSE relativi ai divieti 42

Allegato A. Fonti della banca dati *CompStats* 48

Note 53

GRAFICI

Grafico 1.1. Copertura regionale della banca dati *CompStats* dell'OCSE, 2023 13
Grafico 1.2. Risorse per la concorrenza e attività di controllo, 2022 14
Grafico 2.1. Numero medio di addetti alla concorrenza per autorità garante, in totale (sinistra) e per regione (destra), 2015-2022 16
Grafico 2.2. Bilancio medio nominale (sinistra) e reale (destra) per la concorrenza (in euro), per regione, 2015-2022 17
Grafico 2.3. Percentuale di crescita media annua del bilancio nominale (sinistra) e reale (destra) per la concorrenza (in euro), per regione, 2015-22 18
Grafico 2.4. Totale delle richieste di trattamento favorevole, per regione, 2015-2022 19
Grafico 2.5. Media delle istruttorie d'ufficio relative ai cartelli, 2015-2022 19
Grafico 2.6. Numero medio di casi di cartelli sottoposti a ispezione, per regione, 2015-2022 20
Grafico 2.7. Numero medio di decisioni in materia di cartelli, per regione, 2015-2022 21
Grafico 2.8. Numero medio di decisioni su cartelli relativi a turbativa d'asta (sinistra) e percentuale di decisioni in materia di turbativa d'asta rispetto al totale delle decisioni su cartelli (destra), per regione, 2021-2022 22
Grafico 2.9. I primi 10 settori per decisioni sui cartelli, in termini percentuali rispetto al totale delle decisioni in materia di cartelli, 2021-22 23
Grafico 2.10. Numero medio di casi di cartelli in cui sono state adottate procedure di *settlement* o di patteggiamento per risolvere casi di infrazione, per regione, 2015-2022 24
Grafico 2.11. Numero medio di istruttorie sull'abuso di posizione dominante avviate dalle autorità garanti della concorrenza, 2015-2022 25

Grafico 2.12. Numero medio di casi relativi all'abuso di posizione dominante con ispezione, per regione, 2015-2022 26
Grafico 2.13. Numero medio di decisioni sull'abuso di posizione dominante adottate dalle autorità garanti della concorrenza, 2015-2022 27
Grafico 2.14. Primi 10 settori per incidenza percentuale rispetto al totale delle decisioni sull'abuso di posizione dominante, 2021-2022 28
Grafico 2.15. Numero medio di casi relativi all'abuso di posizione dominante in cui si è fatto ricorso a *settlement* o procedure di patteggiamento per risolvere i casi di infrazione, per regione, 2021-2022 30
Grafico 2.16. Numero medio di casi relativi all'abuso di posizione dominante in cui si è fatto ricorso all'assunzione di impegni o altri tipi di procedure negoziate/consensuali, per regione, 2021 2022 30
Grafico 2.17. Media delle ammende inflitte per giurisdizione per tipo di infrazione (casi di cartelli e casi di abuso di posizione dominante), 2015-2022 31
Grafico 2.18. Totale delle ammende inflitte per giurisdizione nei casi di cartelli (sinistra) e di abuso di posizione dominante (destra) per regione, 2015 2022 32
Grafico 2.19. Numero medio di società per giurisdizione a cui sono state inflitte ammende per decisioni sui cartelli (sinistra) e per abuso di posizione dominante (destra), 2015-2022 33
Grafico 2.20. Numero medio di casi di cartelli in cui sono state inflitte ammende a persone fisiche dalle autorità garanti della concorrenza o da un tribunale (esclusi i ricorsi), per regione, 2015-2022 34
Grafico 2.21. Numero medio di indagini di mercato per regione, 2015-2022 35
Grafico 3.1. Numero medio di notifiche di fusioni, 2015-2022 37
Grafico 3.2. Distribuzione per giurisdizione della variazione percentuale nel numero di notifiche di fusioni dal 2021 al 2022, per le giurisdizioni della zona OCSE (sinistra) e per quelle non appartenenti all'OCSE (destra) 38
Grafico 3.3. Numero medio di notifiche di fusioni per regione, 2015-2022 39
Grafico 3.4. Media del tasso di intervento sulle fusioni (esclusi i ritiri dalle fusioni), 2015-2022 40
Grafico 3.5. Media del tasso di intervento sulle fusioni (esclusi i ritiri dalle fusioni) per regione, 2015-2022 41
Grafico 3.6. Numero di decisioni inerenti alle fusioni, per esito, in cui è intervenuta un'autorità garante oppure è stata ritirata una fusione, 2015-2022 42
Grafico 3.7. Totale dei divieti, per giurisdizione, 2015-2022 43
Grafico 3.8. Divieti totali, per teoria del danno concorrenziale, in base al numero di teorie considerate, 2015-2022 44
Grafico 3.9. Divieti totali, per teoria del danno concorrenziale e anno, 2015-2022 45
Grafico 3.10. Divieti totali per settore (NAICS), 2015-2022 46
Grafico 3.11. Divieti totali per settore (NAICS) e teoria del danno concorrenziale, 2015-2022 47

INFOGRAFICA

Infografica 1. Principali dati e cifre 11

TABELLE

Tabella 2.1. Totale delle decisioni in materia di cartelli per settore, 2021-2022 23
Tabella 2.2. Totale delle decisioni sull'abuso di posizione dominante per settore, 2021-22 28

Tabella A A.1. Autorità garanti della concorrenza nella banca dati *CompStats* dell'OCSE 50

Sintesi

Il presente rapporto si concentra sui principali sviluppi nell'applicazione delle norme sulla concorrenza a livello mondiale nel 2022. La banca dati *CompStats* dell'OCSE comprende attualmente i dati raccolti negli ultimi otto anni provenienti da 77 giurisdizioni. Sul sito web della pubblicazione *OECD Competition Trends* (Tendenze dell'OCSE sulla concorrenza) è disponibile un file Excel recante una serie completa di grafici che copre tutti gli indicatori relativi all'applicazione delle norme in materia di concorrenza, vale a dire tutti gli indicatori riguardanti tutti gli anni (2015-22).

Il rapporto si articola in tre capitoli. Il capitolo 1 fornisce una breve panoramica dell'applicazione delle norme in materia di concorrenza nelle giurisdizioni partecipanti. Il capitolo 2 descrive i principali sviluppi avvenuti nel 2022 rispetto al 2021 per quanto riguarda le risorse, i cartelli e l'abuso di posizioni dominanti e le attività di promozione della concorrenza. Il capitolo 3 presenta un'analisi più dettagliata e approfondita dei dati e delle tendenze in materia di controllo delle fusioni, compreso un esame di tutti i divieti di fusione tra il 2015 e il 2022.

Principali sviluppi nel 2022

Il capitolo illustra i principali sviluppi registrati nel 2022 per quanto riguarda le risorse, il contrasto ai cartelli, l'abuso di posizioni dominanti e le attività di promozione della concorrenza. Il controllo delle fusioni è trattato in un capitolo specificamente dedicato all'argomento.

Risorse

Il numero di effettivi impiegati dalle autorità per la concorrenza continua ad aumentare – Nel 2022 è proseguita la crescita del personale addetto alla concorrenza, sebbene sia stata più contenuta rispetto al 2021. Il numero medio di addetti alla concorrenza per autorità competente in materia era pari a 130, in aumento rispetto ai 125 del 2021 e notevolmente superiore ai 118 del 2020. Si è registrato un aumento in tutte le regioni, ad eccezione dell'Asia-Pacifico. Il numero medio di addetti alla concorrenza è aumentato ogni anno dal 2015 al 2022.

Il bilancio nominale delle autorità per la concorrenza è aumentato, mentre quello reale è diminuito — Il bilancio medio nominale per la concorrenza è aumentato in tutte le regioni ad eccezione dell'Asia-Pacifico. L'aumento più elevato (18,1 % rispetto al 2021) è stato registrato dalle giurisdizioni non appartenenti all'OCSE, principalmente in due di esse. Tuttavia, il bilancio medio reale per la concorrenza è diminuito in tutte le regioni. Tale evoluzione può condurre a ritenere che il notevole aumento del tasso di crescita annuo del bilancio nominale delle autorità garanti della concorrenza (10 %) registrato nel 2022 in tutte le giurisdizioni sia stato principalmente dovuto all'inflazione, visto che il bilancio reale ha subito una contrazione (-2,6 %).

Contrasto ai cartelli

Per la prima volta dal 2015, le richieste di trattamento favorevole sono aumentate in tutte le regioni – Per la prima volta dal 2015, quando l'OCSE ha iniziato a raccogliere dati statistici sulla concorrenza, il numero totale di domande di trattamento favorevole è aumentato in tutte le regioni, invertendo la precedente tendenza al ribasso. Il numero totale di domande di trattamento favorevole è passato da 201 nel 2021 a 248 nel 2022, con un tasso di crescita annuo pari al 23,4 %. La tendenza al rialzo è iniziata nel 2021 in Europa, proseguendo nel 2022, accompagnata da un aumento in tutte le regioni.

Le istruttorie d'ufficio relative ai cartelli hanno registrato un aumento del 19,3 % — La media del numero di indagini d'ufficio condotte relativamente ai cartelli è salita a 8,4 nel 2022 (con una crescita annua del 19,3 %), ponendo fine al calo costante osservato a partire dal 2016, quando tale valore ha iniziato a scendere da 14,7 a 7,1 nel 2021.

Il numero di ispezioni effettuate è rimasto stabile — Nel 2022, il numero medio di perquisizioni effettuate sui cartelli è rimasto stabile (con una media per tutte le giurisdizioni pari a 3,6 nel 2022, identica a quella del 2021), in lieve aumento nelle Americhe e in Europa, mentre in calo nelle regioni Asia-Pacifico e MOA (Medio Oriente e Africa). Nel 2020 si era registrato un calo significativo in tutte le regioni, dovuto principalmente alle misure di confinamento legate alla pandemia da COVID-19.

È stato registrato un calo nel numero delle decisioni sui cartelli, soprattutto in Europa — Nel 2022 si è verificato un calo del numero medio di decisioni in materia di cartelli in Europa e nella regione MOA, mentre le regioni delle Americhe e dell'Asia Pacifico hanno riportato un incremento. Il valore medio per tutte le giurisdizioni è sceso da 6,8 nel 2021 a 6,3 nel 2022. La riduzione più significativa è stata registrata nelle giurisdizioni europee non appartenenti all'OCSE, dove la diminuzione annuale delle decisioni in materia di cartelli è stata di circa il 41 %. Si delineano due possibili spiegazioni del calo delle decisioni inerenti ai cartelli: la diminuzione delle istruttorie d'ufficio tra il 2016 e il 2021 (compreso il calo delle indagini dovuto al Covid nel periodo 2020-2021) e la costante riduzione delle domande di trattamento favorevole a partire dal 2015.

Le decisioni in materia di turbative d'asta ad opera dei cartelli sono aumentate del 9,7 % — Tra il 2021 e il 2022 si è registrato un aumento dei casi di turbativa d'asta (i soli due anni per i quali esistono dati nel *CompStats* dell'OCSE relativamente alle decisioni sulle turbative d'asta), ossia da 154 a 169. Nel 2022 il numero medio di decisioni in materia di turbativa d'asta in tutte le giurisdizioni è aumentato del 9,7 %. Espresse come percentuale di tutte le decisioni relative ai cartelli, le decisioni sulle turbative d'asta in tutte le giurisdizioni sono aumentate dal 32 % nel 2021 al 38 % nel 2022, malgrado alcune differenze a livello regionale. Nel 2022, la regione che ha registrato la percentuale più elevata di decisioni in materia di cartelli è stata quella del Medio Oriente e Africa, con il 40 %.

I settori che hanno registrato il maggior numero di decisioni inerenti ai cartelli nel 2022 sono stati il settore manifatturiero, l'edilizia e il commercio all'ingrosso – In base al numero totale di decisioni relative ai cartelli, i primi dieci settori della classifica sono rimasti invariati rispetto al 2021. Nel 2022, il settore manifatturiero, l'edilizia e il commercio all'ingrosso erano ancora i tre settori maggiormente interessati da decisioni in materia di cartelli. Tuttavia, essi rappresentavano solo il 44 % di tutte le decisioni in materia di cartelli nel 2022, in calo rispetto al 48 % del 2021. Il settore agricoltura, silvicoltura, pesca e caccia ha registrato la crescita maggiore di casi, con il 7 % del totale nel 2022 (in aumento rispetto al solo 2,4 % del 2021).

Il numero di casi di cartelli conclusi con "*settlement*" è diminuito, in particolare nella regione MOA — Il numero medio di casi di cartelli che si sono conclusi con *settlement* è stato relativamente stabile nel 2022, sebbene con alcune differenze a livello regionale. In particolare, nella regione MOA, il valore medio di casi di cartelli conclusi tramite accordi è diminuito da 4,3 a 2,9.

Contrasto all'abuso di posizione dominante

Il numero di istruttorie sui casi di abuso di posizione dominante è diminuito in 50 giurisdizioni – Il numero medio di indagini sull'abuso di posizione dominante avviate dalle autorità garanti per la concorrenza è diminuito in tutte le regioni, ad eccezione della regione Medio Oriente e Africa. Nell'82 % dei casi (50 su 63 giurisdizioni con dati pertinenti per tutti gli anni), il numero di indagini è diminuito o è rimasto invariato. Il numero medio di indagini avviate è sceso da 5,6 nel 2021 a 4,2 nel 2022 in tutte le giurisdizioni, con un calo pari a circa il 25 %.

Prosegue il calo del numero di decisioni in materia di abusi di posizione dominante – Il numero medio di decisioni in materia di abusi di posizione dominante per giurisdizione è leggermente diminuito nel complesso, passando da 2 nel 2021 a 1,5 nel 2022. Tale evoluzione si iscrive nella lenta tendenza al ribasso che ha caratterizzato il periodo considerato, con un valore medio in calo da 2,4 decisioni in materia di abusi di posizione dominante per giurisdizione nel 2015 a 1,5 nel 2022. Malgrado l'aumento osservato nel 2021, si è registrata una notevole diminuzione del numero di decisioni in materia di abusi di posizione dominante sia nelle giurisdizioni della zona OCSE che in quelle non appartenenti all'OCSE, tornando ai livelli del 2020.

I settori in cui è stato rilevato il numero più elevato di decisioni in materia di abusi di posizione dominante nel 2020 sono il settore manifatturiero, quello dei trasporti e del magazzinaggio e quello dell'informazione – Nel 2022, i settori che hanno occupato i primi 10 posti della classifica, in base al numero complessivo di decisioni in materia di abusi di posizione dominante erano simili a quelli del 2021. Il settore manifatturiero, quello dei trasporti e del magazzinaggio e quello dell'informazione sono rimasti i primi tre settori a registrare il maggior numero di decisioni in materia di abusi di posizione dominante nel 2022, pari al 47 % delle decisioni totali.

Il numero di accordi e impegni nei casi di abusi di posizione dominante è diminuito in particolare nelle Americhe – Il numero medio di casi di abuso di posizione dominante che si sono conclusi con un accordo, con un patteggiamento, una procedura di impegno o un altro tipo di procedura negoziata/consensuale ha subito un lieve calo nel 2022, principalmente grazie ai valori registrati per le Americhe, mentre il ricorso a tali strumenti è aumentato in altre regioni, quali l'Europa e il Medio Oriente e Africa.

Sanzioni

Le sanzioni comminate dalle autorità garanti della concorrenza sono diminuite nel 2022– Nel 2022 si è registrata una diminuzione delle sanzioni inflitte per i casi sia di cartelli che di abusi di posizione dominante. Il valore medio dell'ammenda inflitta per giurisdizione in relazione all'abuso di posizione dominante è diminuito del 52 %, passando da 42,5 milioni di euro nel 2021 a 20,4 milioni di euro nel 2022. Il valore medio dell'ammenda inflitta per giurisdizione in relazione ai cartelli è diminuito del 45 %, passando da 89,8 milioni di euro nel 2021 a 49,5 milioni di euro nel 2022.

Promozione della concorrenza

Il numero di indagini di mercato effettuati è aumentato nella regione Asia-Pacifico – Il numero medio di indagini di mercato per giurisdizione è rimasto relativamente stabile in tutte le regioni, ad eccezione dell'Asia-Pacifico, dove è aumentato considerevolmente (da 3,2 nel 2021 a 5,4 nel 2022).

Analisi approfondita: tendenze nel controllo delle fusioni

Ciascuna edizione della pubblicazione "*OECD Competition Trends*" (Tendenze dell'OCSE sulla concorrenza) comprende un capitolo che tratta un determinato argomento in modo più dettagliato. L'edizione di quest'anno è incentrata sul controllo delle fusioni.

Nel 2022, il numero di notifiche relative a fusioni è diminuito – Nel 2022 si è registrato un calo del numero complessivo di notifiche di fusioni dovuto principalmente a un calo nelle giurisdizioni dell'OCSE. Nello stesso anno, il numero di notifiche di fusioni nelle giurisdizioni non appartenenti all'OCSE ha continuato ad aumentare, sebbene a un ritmo più moderato rispetto al 2021.

Nelle giurisdizioni dell'OCSE, il tasso di intervento sulle fusioni ha subito un notevole incremento – Contrariamente a quanto accaduto nel 2021, nel 2022 si è registrato un aumento considerevole del tasso di intervento sulle fusioni, ossia il numero di operazioni in cui le autorità garanti della concorrenza sono intervenute, imponendo un divieto alla fusione o autorizzandola a determinate condizioni. Tale incremento è in gran parte riconducibile alle giurisdizioni dell'OCSE, mentre si è osservato un lieve calo in quelle non appartenenti all'Organizzazione.

Le autorità garanti della concorrenza hanno approvato un maggior numero di fusioni con rimedi – L'incremento del tasso di intervento complessivo verificatosi nel 2022 è stato determinato principalmente da un maggiore impiego dei rimedi (che è aumentato di oltre il 55 %), mentre i divieti e i ritiri dalle fusioni sono rimasti relativamente stabili.

I divieti si concentrano in alcune giurisdizioni – Le cinque giurisdizioni con il maggior numero di divieti rappresentano il 54 % di tutti i divieti imposti nel periodo compreso tra il 2015 e il 2022 (116 su 216 divieti). Tra queste figurano il Sud Africa, gli Stati Uniti, il Regno Unito, Israele e l'Unione europea.

Le teorie orizzontali relative agli effetti anticoncorrenziali sono le più comuni nelle decisioni di divieto – Le teorie orizzontali sugli effetti anticoncorrenziali costituiscono la grande maggioranza delle decisioni sui divieti di fusione. La maggior parte di queste sono orizzontali unilaterali, mentre le teorie orizzontali coordinate sono simili, in termini di numero, alle teorie verticali sugli effetti anticoncorrenziali. Le teorie sugli effetti anticoncorrenziali relative alle fusioni conglomerate e a quelle di interesse pubblico risultano trascurabili nelle decisioni di divieto di fusione.

I settori in cui è stata registrata la maggior parte dei divieti tra il 2015 e il 2022 sono stati il manifatturiero, il commercio al dettaglio e quello dei trasporti e del magazzinaggio– I divieti sono più diffusi nei settori tipicamente caratterizzati da prodotti omogenei e in cui possono esservi rischi più elevati di sovrapposizione orizzontale, come il settore manifatturiero, il commercio al dettaglio e i trasporti e il magazzinaggio.

Infografica 1. Principali dati e cifre

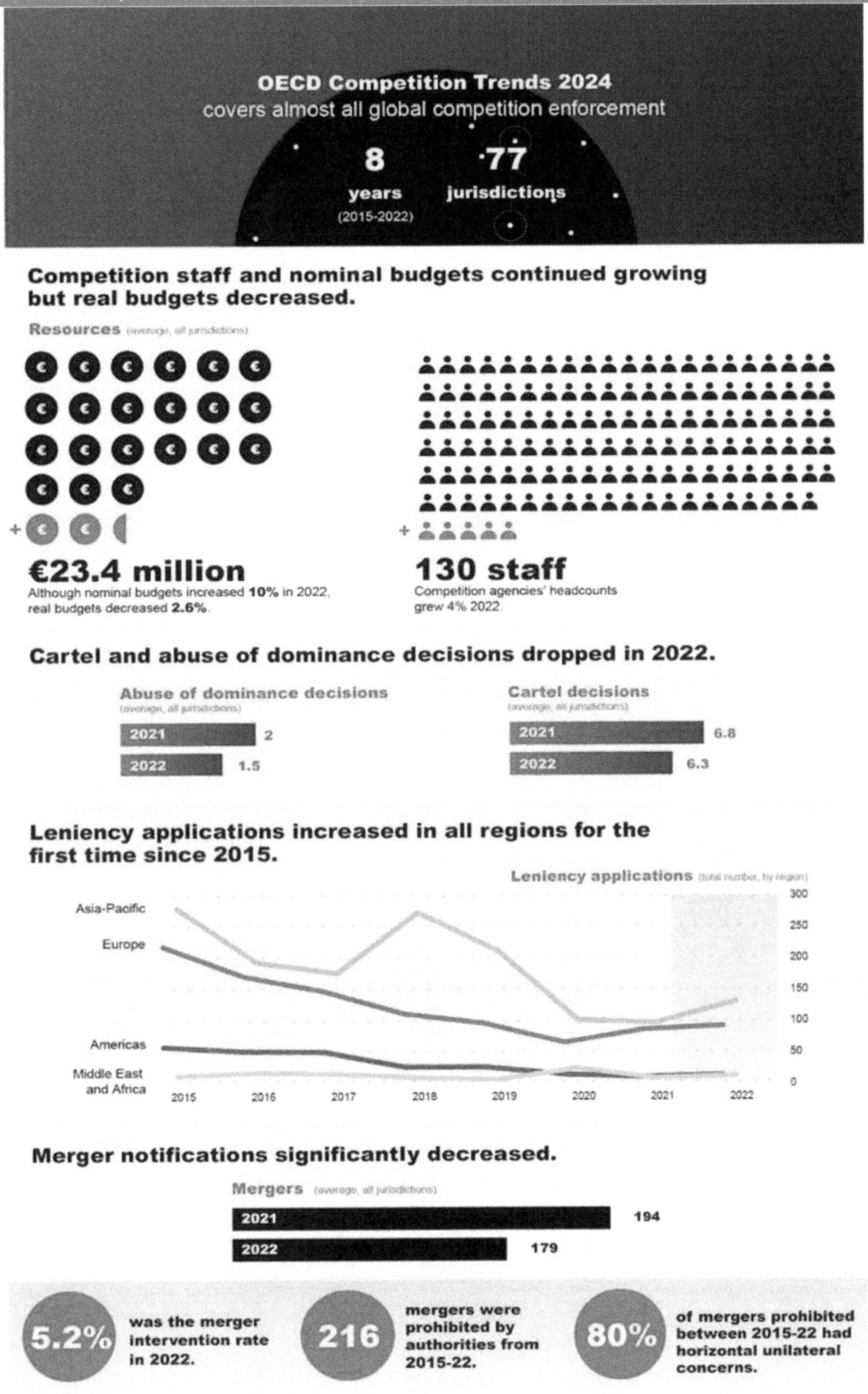

1 La banca dati *CompStats* dell'OCSE in sintesi

Il presente capitolo descrive gli ambiti presi in esame dal rapporto e fornisce una panoramica delle risorse destinate alla concorrenza e delle attività di controllo in tutte le giurisdizioni incluse nella banca dati *CompStats.*

Copertura regionale della banca dati *CompStats* dell'OCSE

Nel presente rapporto, la banca dati *CompStats* dell'OCSE comprende 77 giurisdizioni. Il grafico seguente illustra il numero di giurisdizioni aderenti per regione. L'elenco completo delle giurisdizioni per ciascuna regione figura nell'Allegato, così come la lista delle autorità garanti della concorrenza che hanno fornito i dati relativi ad ogni giurisdizione.

Grafico 1.1. Copertura regionale della banca dati *CompStats* dell'OCSE, 2023

Fonte: banca dati *CompStats* dell'OCSE.

StatLink https://stat.link/5gxrsz

Dati disponibili nella banca dati *CompStats*

La copertura temporale dei dati inclusi nel *CompStats* dell'OCSE è aumentata da sette a otto anni, con l'aggiunta dei dati del 2022. Il sito web della banca dati CompStats dell'OCSE riporta i dati su cui si basano le variabili *CompStats* considerate nel rapporto.

Panoramica delle risorse per la concorrenza e delle attività di controllo

Il grafico seguente fornisce una panoramica delle risorse destinate alla concorrenza e delle attività di controllo.

Grafico 1.2. Risorse per la concorrenza e attività di controllo, 2022

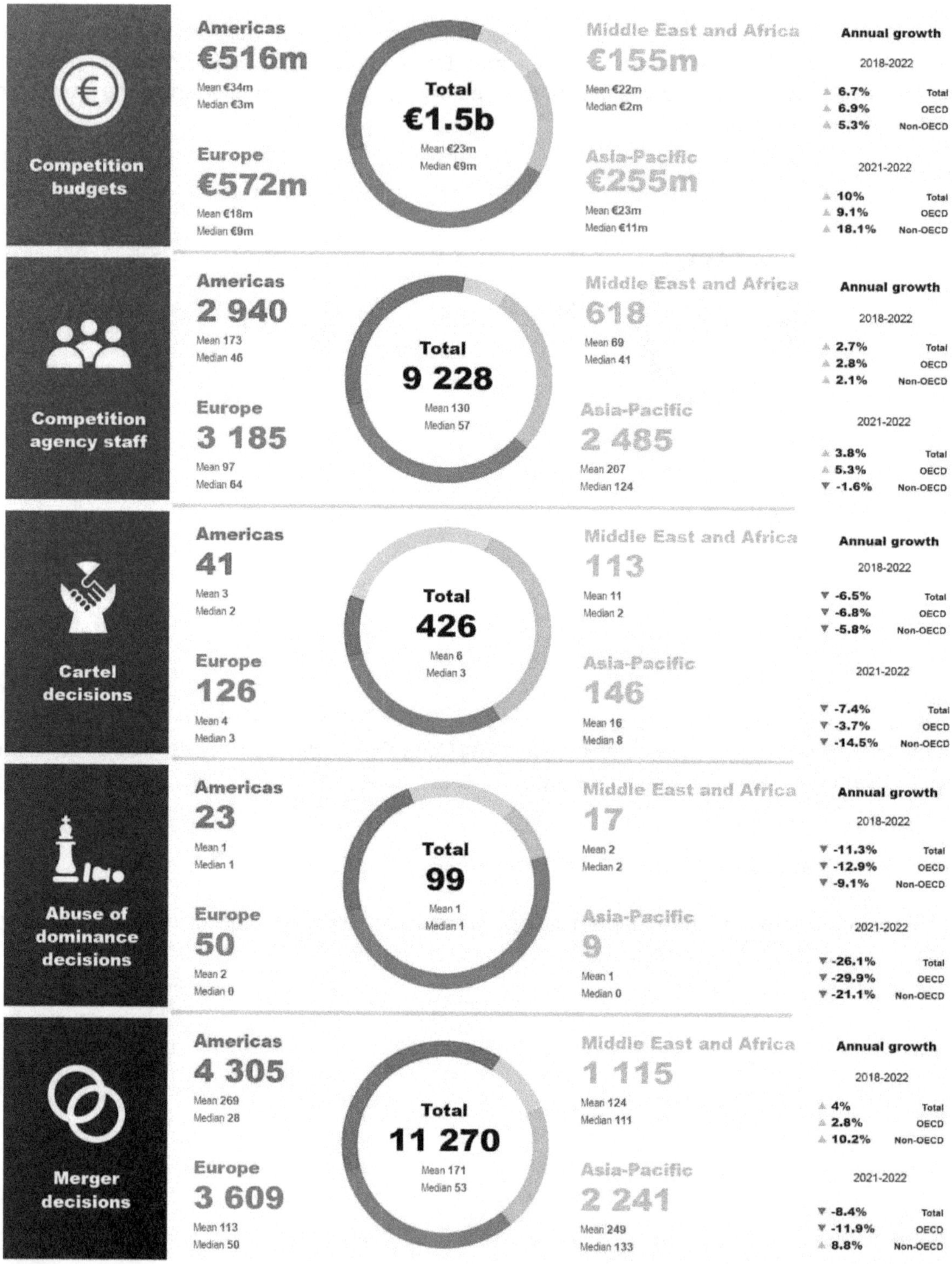

Nota: ciascun calcolo si basa sul numero di giurisdizioni che hanno fornito dati per tutti e otto gli anni (64 giurisdizioni per il bilancio nominale per la concorrenza, 71 giurisdizioni per gli addetti alla concorrenza, 68 giurisdizioni per le decisioni in materia di cartelli, 68 giurisdizioni per le decisioni sull'abuso di posizione dominante, 66 giurisdizioni per le decisioni inerenti alle fusioni). I bilanci nominali per la concorrenza sono espressi in euro al valore del 2015 (le altre valute sono convertite applicando i tassi di cambio ufficiali del 31 dicembre 2015), al fine di eliminare qualsiasi distorsione dovuta alle fluttuazioni della valuta. La crescita del bilancio nominale per le giurisdizioni non appartenenti all'OCSE è stata trainata principalmente da due di esse. Per addetti alla concorrenza si intende chi si occupa unicamente di concorrenza (escludendo il personale amministrativo o gli addetti preposti ad altre funzioni dell'autorità, quali la tutela dei consumatori, gli appalti pubblici e la regolamentazione del settore).
Fonte: banca dati *CompStats* dell'OCSE.

2 Principali sviluppi nel 2022

Il presente capitolo evidenzia i principali sviluppi a livello globale nell'applicazione delle norme sulla concorrenza nel 2022, collocandoli, ove opportuno, in una prospettiva più ampia che ne analizza l'evoluzione nel tempo. Il capitolo comprende i principali cambiamenti intervenuti nelle variabili quali le risorse, il contrasto ai cartelli, l'abuso di posizione dominante, nonché le attività di promozione della concorrenza. Il controllo delle fusioni verrà affrontato nel capitolo successivo, specificamente dedicato all'argomento.

Come per l'edizione dello scorso anno, il presente rapporto dal titolo *OECD Competition Trends* (Tendenze dell'OCSE sulla concorrenza) si concentra sui principali sviluppi annuali, ovvero sui cambiamenti chiave del 2022 rispetto al 2021.

Risorse

Il personale addetto alla concorrenza ha continuato a crescere

Nel 2022, il numero di effettivi impiegati dalle autorità per la concorrenza a livello mondiale ha continuato a crescere in modo sostenuto, con un tasso annuale di crescita complessivo del 3,8 % (nonostante tale percentuale sia circa la metà del tasso di crescita annuale del 2021, pari al 6 %). Il numero medio di addetti per autorità garante è passato da 125 nel 2021 a 130 nel 2022, un aumento considerevole rispetto alla media di 118 nel 2020. La crescita è stata registrata in ogni regione, eccetto nell'Asia-Pacifico. Il numero medio di addetti alla concorrenza è aumentato ogni anno tra il 2015 e il 2022, eccetto nel 2020, quando è rimasto invariato rispetto all'anno precedente. Le differenze regionali nel numero di addetti sono dovute soprattutto alle diverse dimensioni delle giurisdizioni.

Grafico 2.1. Numero medio di addetti alla concorrenza per autorità garante, in totale (sinistra) e per regione (destra), 2015-2022

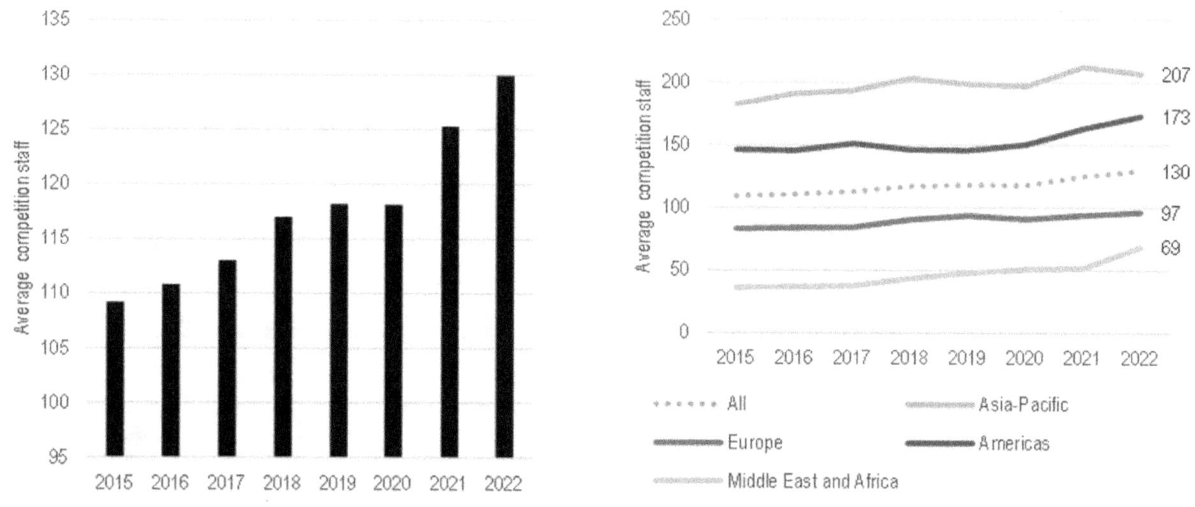

Nota: dati basati sulle 71 giurisdizioni nella banca dati *CompStats* dell'OCSE che hanno fornito dati relativi agli addetti alla concorrenza nell'arco di otto anni.
Fonte: banca dati *CompStats* dell'OCSE.

StatLink https://stat.link/3vuzrb

Il bilancio nominale per la concorrenza è aumentato, ma il bilancio reale è rimasto invariato

Nel 2022, il bilancio medio nominale per la concorrenza è aumentato in tutte le regioni, ad eccezione dell'Asia-Pacifico, dove si è registrato un calo sia degli addetti sia del bilancio per la concorrenza.

Tuttavia, il bilancio medio reale per la concorrenza è diminuito in tutte le regioni.[1] L'incremento significativo del tasso di crescita annuale relativo al bilancio nominale per la concorrenza (10 % nel 2022 in tutte le giurisdizioni) sembra trainato principalmente dall'inflazione, poiché la crescita reale è stata negativa (-2,6 %).

Nel 2022, l'ampia crescita del bilancio nominale nelle giurisdizioni della regione MOA è stata particolarmente marcata (52,7 %), nonostante il bilancio medio reale per la concorrenza nella regione sia sceso dell'1,5 %. Benché l'inflazione abbia rappresentato un problema nella regione MOA, una sola giurisdizione ha registrato un'inflazione particolarmente elevata nel 2022, il che spiega in gran parte l'ampio divario tra il bilancio nominale e quello reale per la concorrenza. Nella regione delle Americhe si è osservata una tendenza simile: la crescita dei bilanci nominali per la concorrenza è stata pari all'11,5 %, trainata principalmente da due giurisdizioni, mentre il bilancio medio reale per la concorrenza è sceso dell'1,1 %. Come nel caso degli addetti alla concorrenza, le differenze nei livelli di bilancio tra le regioni sono dovute soprattutto alle diverse dimensioni delle giurisdizioni.

Grafico 2.2. Bilancio medio nominale (sinistra) e reale (destra) per la concorrenza (in euro), per regione, 2015-2022

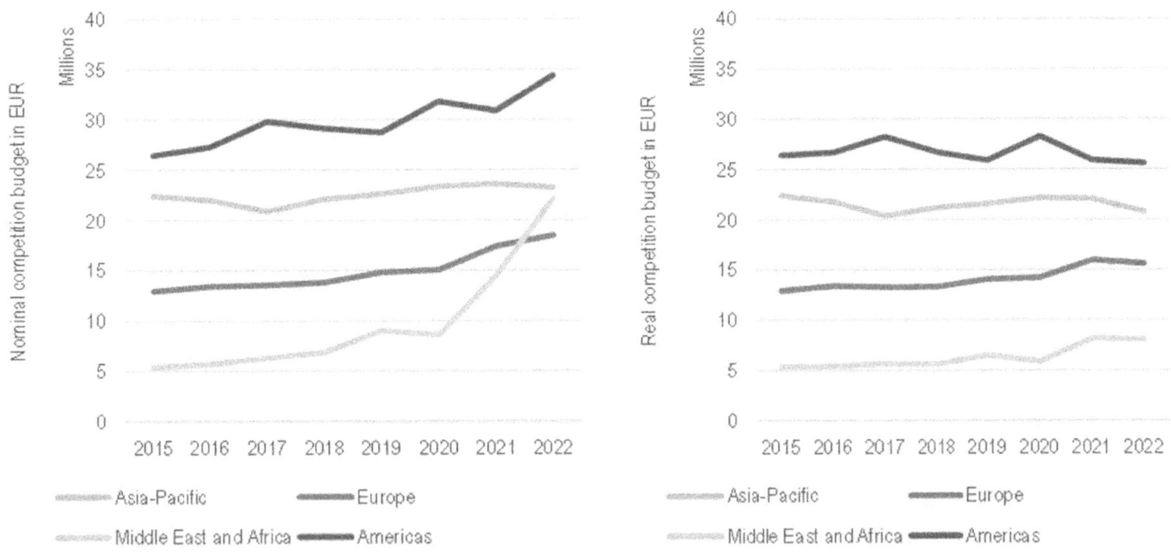

Nota: dati basati sulle 64 giurisdizioni nella banca dati *CompStats* dell'OCSE che hanno fornito dati relativi al bilancio per la concorrenza nell'arco di otto anni. I bilanci nominali e reali per la concorrenza sono espressi in euro al valore del 2015 (le altre valute sono convertite applicando i tassi di cambio ufficiali del 31 dicembre 2015), al fine di eliminare qualsiasi distorsione dovuta alle fluttuazioni della valuta. I tassi di inflazione di tutte le giurisdizioni provengono dalla banca dati degli Indicatori di sviluppo mondiale della Banca Mondiale.
Fonte: banca dati *CompStats* dell'OCSE.

StatLink https://stat.link/k95ovr

Grafico 2.3. Percentuale di crescita media annua del bilancio nominale (sinistra) e reale (destra) per la concorrenza (in euro), per regione, 2015-22

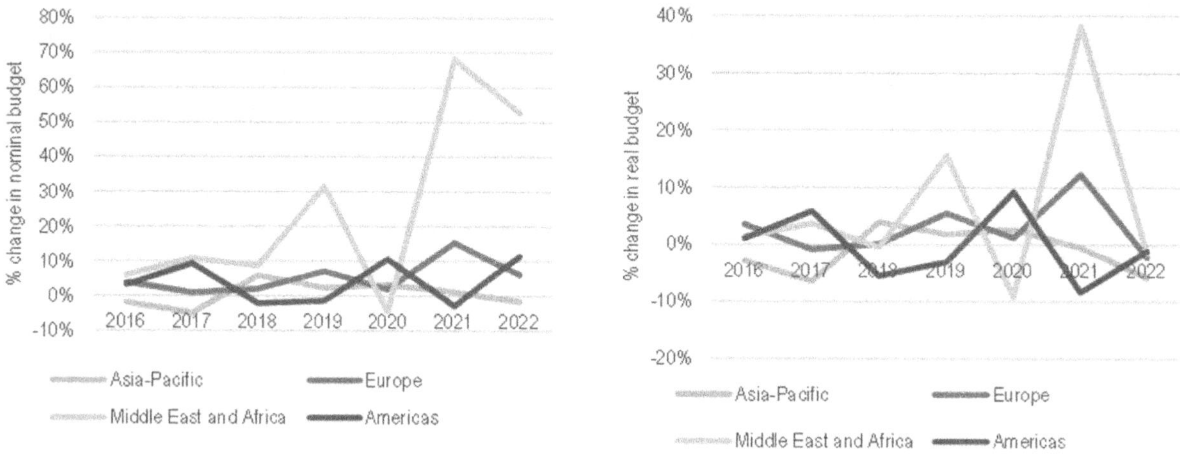

Nota: dati basati sulle 64 giurisdizioni nella banca dati *CompStats* dell'OCSE che hanno fornito dati relativi al bilancio per la concorrenza nell'arco di otto anni.
Fonte: banca dati *CompStats* dell'OCSE.

StatLink https://stat.link/z1emwk

Contrasto ai cartelli

Le richieste di trattamento favorevole per i cartelli sono aumentate, così come le istruttorie d'ufficio relative ai cartelli

Per la prima volta dal 2015, anno in cui l'OCSE ha iniziato a raccogliere i dati statistici sulla concorrenza, i casi di richieste di trattamento favorevole sono aumentati in tutte le regioni (da 10 casi nel 2021 a 13 nel 2022 nelle Americhe, da 97 a 131 nell'Asia-Pacifico, da 86 a 92 in Europa e da 8 a 12 nella regione MOA). Questa tendenza al rialzo è iniziata nel 2021 in Europa ed è continuata nel 2022, accompagnata da un aumento nelle altre tre regioni. Il numero totale di richieste di trattamento favorevole è aumentato da 201 nel 2021 a 248 nel 2022, con un tasso di crescita annuo pari al 23,4 %.

Nonostante la promettente tendenza al rialzo nelle richieste di trattamento favorevole in tutte le regioni, il numero di casi rimane notevolmente inferiore rispetto al 2015 (più basso di oltre il 56 %). Inoltre, l'aumento è concentrato soprattutto in alcune giurisdizioni. Benché 24 giurisdizioni (ovvero il 45 % delle 53 giurisdizioni che hanno fornito dati per questa variabile) abbiano registrato un aumento annuale delle richieste di trattamento favorevole nel 2022, quattro di esse hanno determinato gran parte dell'incremento: una giurisdizione ha registrato un aumento di 31 richieste, una di 13, e due di 7 ciascuna. Infine, 16 giurisdizioni (30 %) non hanno subito variazioni, mentre 13 giurisdizioni (25 %) hanno registrato una contrazione nelle richieste di trattamento favorevole.

Grafico 2.4. Totale delle richieste di trattamento favorevole, per regione, 2015-2022

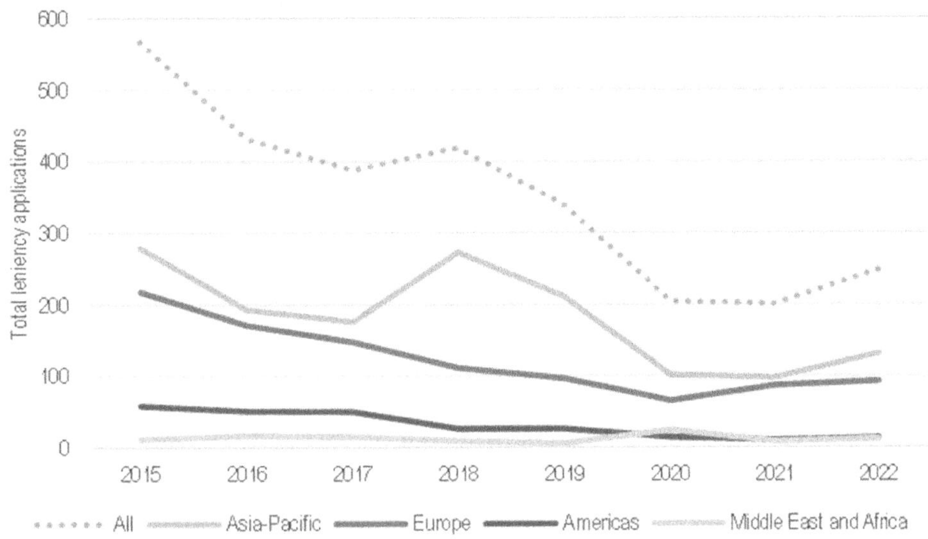

Nota: dati basati sulle 53 giurisdizioni nella banca dati *CompStats* dell'OCSE che hanno fornito dati relativi alle richieste di trattamento favorevole nell'arco di otto anni.
Fonte: banca dati *CompStats* dell'OCSE.

StatLink https://stat.link/vwh1fg

Le istruttorie d'ufficio relative ai cartelli sono aumentate significativamente nel 2022 rispetto al 2021, contrastando il calo costante osservato dal 2016 al 2021. Il numero medio di istruttorie d'ufficio relative ai cartelli avviate da ciascuna giurisdizione è stato pari a 8,4 nel 2022, in aumento rispetto al valore di 7,1 del 2021 (crescita annuale del 19,3 %).

Grafico 2.5. Media delle istruttorie d'ufficio relative ai cartelli, 2015-2022

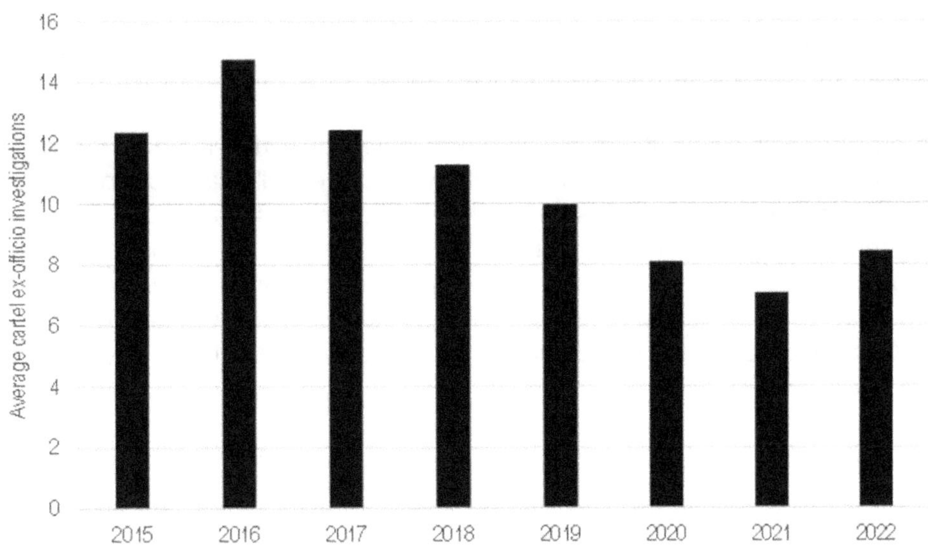

Nota: dati basati sulle 60 giurisdizioni nella banca dati *CompStats* dell'OCSE che hanno fornito dati relativi alle istruttorie d'ufficio sui cartelli nell'arco di otto anni.
Fonte: banca dati *CompStats* dell'OCSE.

StatLink https://stat.link/t5o06f

Le ispezioni effettuate sui cartelli sono rimaste invariate

Il numero medio di ispezioni effettuate sui cartelli è rimasto invariato nel 2022 (con una media di 3,6 per giurisdizione), registrando un lieve incremento nelle Americhe e in Europa, contro una diminuzione nelle regioni Asia-Pacifico e MOA.

Grafico 2.6. Numero medio di casi di cartelli sottoposti a ispezione, per regione, 2015-2022

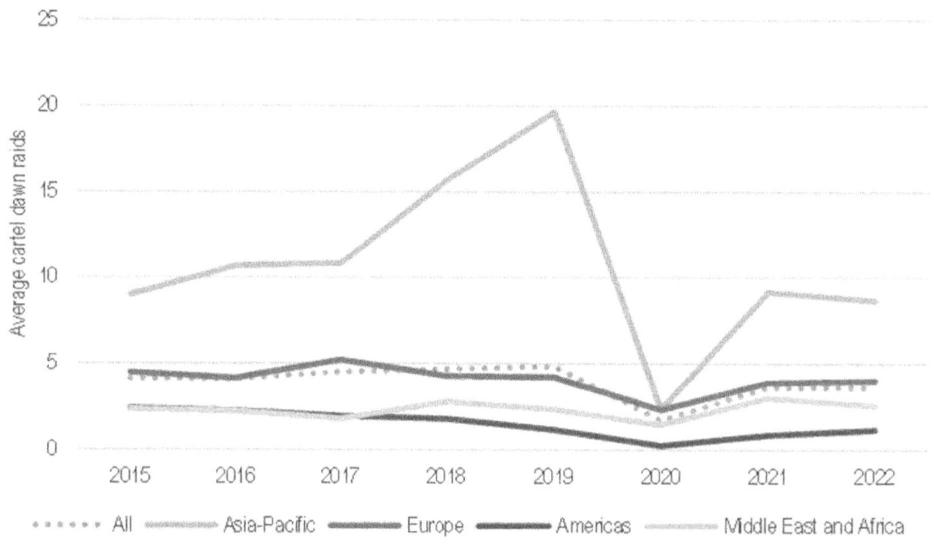

Nota: dati basati sulle 56 giurisdizioni nella banca dati *CompStats* dell'OCSE che hanno fornito dati relativi alle ispezioni effettuate sui cartelli nell'arco di otto anni.
Fonte: banca dati *CompStats* dell'OCSE.

StatLink https://stat.link/7f2xrd

Le decisioni in materia di cartelli sono diminuite in Europa e nella regione MOA, ma sono aumentate nell'Asia-Pacifico e nelle Americhe

Nel 2022 si è registrato un calo del numero di decisioni in materia di cartelli in Europa e nella regione MOA, mentre il numero medio di decisioni è aumentato nelle Americhe e nell'Asia-Pacifico. In Europa, il numero medio di decisioni in materia di cartelli è sceso a 3,8, persino sotto il valore di 4,1 del 2020, mentre è rimasto relativamente stabile intorno a 5 decisioni per giurisdizione nel periodo 2015-2021 (escluso il 2020). In aggregato, ciò indica un calo del numero medio di decisioni in materia di cartelli da 6,8 nel 2021 a 6,3 nel 2022 in tutte le giurisdizioni, nonché nelle giurisdizioni della zona OCSE e in quelle non appartenenti all'OCSE (con la diminuzione più forte in queste ultime, pari al -13,9 %, rispetto al solo -3,7 % nelle giurisdizioni della zona OCSE).

Grafico 2.7. Numero medio di decisioni in materia di cartelli, per regione, 2015-2022

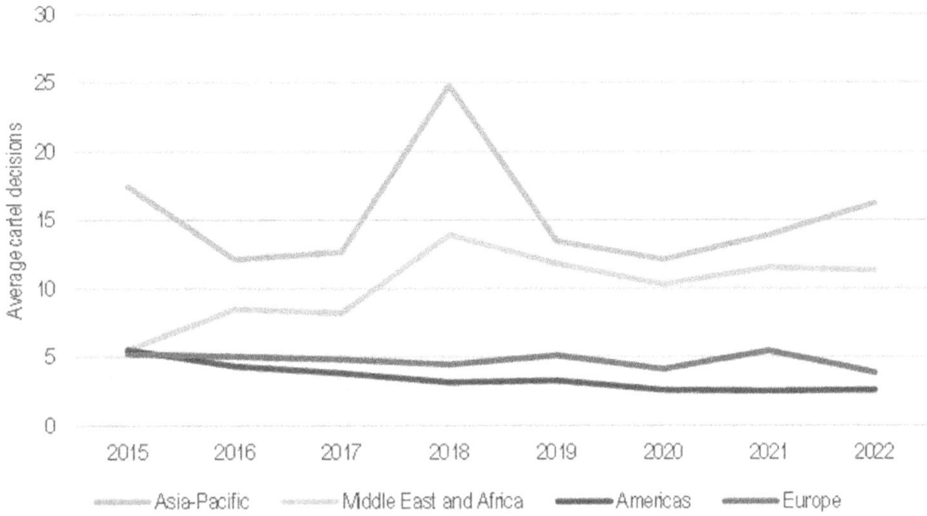

Nota: dati basati sulle 68 giurisdizioni nella banca dati *CompStats* dell'OCSE che hanno fornito dati relativi alle decisioni in materia di cartelli nell'arco di otto anni.
Fonte: banca dati *CompStats* dell'OCSE.

StatLink https://stat.link/sv4bu6

Nel complesso, le decisioni in materia di turbativa d'asta ad opera dei cartelli sono aumentate

Tra il 2021 e il 2022 (gli unici due anni per i quali esistono dati nel *CompStats* dell'OCSE), in gran parte delle giurisdizioni si è registrato un aumento dei casi di turbativa d'asta. Il numero medio di decisioni in materia di turbativa d'asta in tutte le giurisdizioni è aumentato da 2,2 nel 2021 a 2,4 nel 2022, un incremento del 9,7 %. Come mostra il Grafico 2.8, nel 2022 le decisioni in materia di turbativa d'asta ad opera dei cartelli nella regione MOA e nelle Americhe sono aumentate, mentre sono diminuite in Europa e nell'Asia-Pacifico. Tuttavia, l'ordine relativo delle regioni è rimasto invariato: il numero di gran lunga più elevato di decisioni in materia di turbativa d'asta ad opera dei cartelli per giurisdizione è stato registrato nella regione Asia-Pacifico, mentre la regione MOA ha continuato ad avanzare in modo costante.

Quale percentuale di tutte le decisioni sui cartelli, le decisioni in materia di turbativa d'asta sono aumentate in tutte le giurisdizioni dal 32 % nel 2021 al 38 % nel 2022. Nelle Americhe, nella regione MOA e in Europa le decisioni in materia di turbativa d'asta hanno rappresentato una quota crescente di tutte le decisioni sui cartelli. Tuttavia, l'aumento percentuale in Europa è il risultato di un calo delle decisioni totali inerenti ai cartelli.

Grafico 2.8. Numero medio di decisioni su cartelli relativi a turbativa d'asta (sinistra) e percentuale di decisioni in materia di turbativa d'asta rispetto al totale delle decisioni su cartelli (destra), per regione, 2021-2022

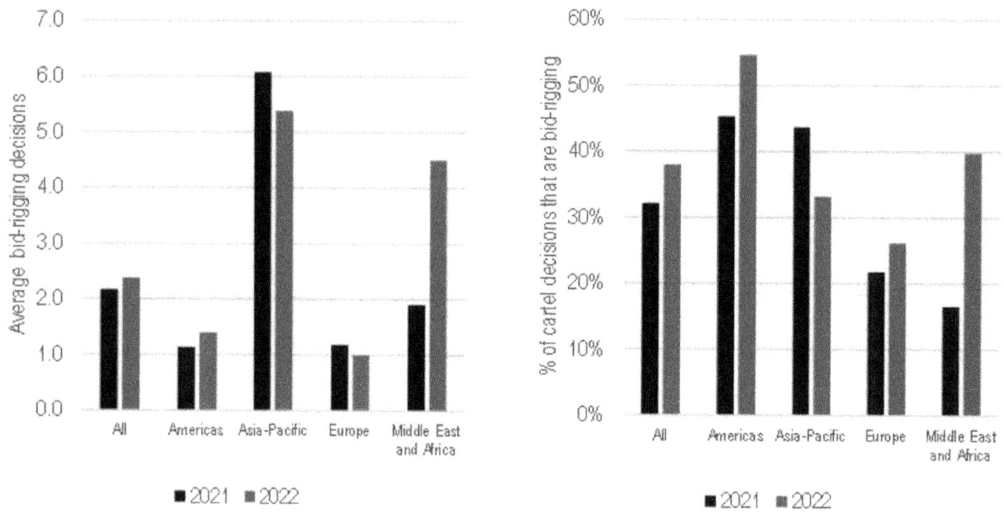

Nota: dati basati sulle 71 giurisdizioni nella banca dati *CompStats* dell'OCSE che hanno fornito dati relativi alle decisioni in materia di turbativa d'asta ad opera dei cartelli per il 2021 e il 2022.
Fonte: banca dati *CompStats* dell'OCSE.

StatLink https://stat.link/9jt8a6

Decisioni in materia di cartelli per settore: manifattura, edilizia e commercio all'ingrosso sono rimasti i settori con il maggior numero di decisioni inerenti ai cartelli

In base al numero totale di decisioni inerenti ai cartelli, la classifica dei primi 10 settori è rimasta relativamente simile a quella del 2021, nonostante nel 2022 ci siano stati alcuni cambiamenti. Nel 2022, il settore manifatturiero, l'edilizia e il commercio all'ingrosso sono rimasti i tre settori con il maggior numero di decisioni in materia di cartelli, rappresentando il 44 % del totale delle decisioni sui cartelli, in calo rispetto al 48 % del 2021. Il calo percentuale più significativo in questi tre settori è stato registrato nel commercio all'ingrosso, con una diminuzione della partecipazione di oltre il 40 %.

Grafico 2.9. I primi 10 settori per decisioni sui cartelli, in termini percentuali rispetto al totale delle decisioni in materia di cartelli, 2021-22

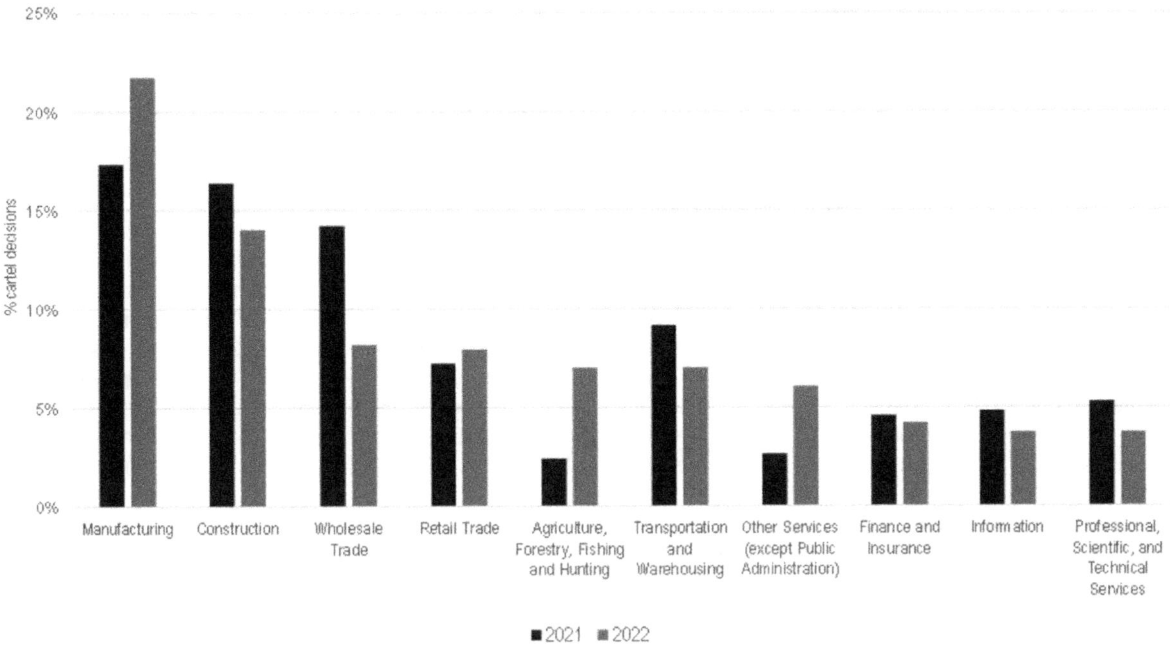

Nota: le decisioni per settore sono state classificate in base alle prime due cifre del sistema di classificazione dell'industria del Nord America (NAICS). La loro corrispondenza con la legenda di questo grafico è la seguente: 11 – agricoltura, silvicoltura, pesca e caccia, 21 – estrazione da cava e miniera, estrazione di petrolio e gas naturale, 22 – servizi di pubblica utilità, 23 – edilizia, 31-33 – settore manifatturiero, 42 – commercio all'ingrosso, 44-45 – commercio al dettaglio, 48-49 – trasporti e magazzinaggio, 51 – informazione, 52 – finanza e assicurazioni, 53 – settore immobiliare, locazione e leasing, 54 – imprese professionali, scientifiche e tecniche, 55 – gestione di società e imprese, 56 – servizi amministrativi e di supporto alle imprese, gestione dei rifiuti e risanamento, 61 – istruzione, 62 – assistenza sanitaria e sociale, 71 – attività artistiche, di intrattenimento e divertimento, 72 – servizi di alloggio e ristorazione, 81 – altri servizi (eccetto pubblica amministrazione), 92 – pubblica amministrazione. Dati basati sulle 69 giurisdizioni nella banca dati *CompStats* dell'OCSE che hanno fornito dati comparabili per il 2021 e il 2022.

Fonte: banca dati *CompStats* dell'OCSE.

StatLink https://stat.link/v7jcl9

Tabella 2.1. Totale delle decisioni in materia di cartelli per settore, 2021-2022

Classifica 2022	Classifica 2021	Settore	Totale delle decisioni nel 2021	Totale delle decisioni nel 2022
1.	1.	Settore manifatturiero	72.	93.
2.	2.	Edilizia	68.	60.
3.	3.	Commercio all'ingrosso	59.	35.
4.	5.	Commercio al dettaglio	30.	34.
5.	12.	Agricoltura, silvicoltura, pesca e caccia	10.	30.
6.	4.	Trasporti e magazzinaggio	38.	30.
7.	11.	Altri servizi (eccetto pubblica amministrazione)	11.	26.
8.	8.	Finanza e assicurazioni	19.	18.
9.	7.	Informazione	20.	16.
10.	6.	Servizi professionali, scientifici e tecnici	22.	16.
11.	9.	Servizi amministrativi e di supporto alle imprese, gestione dei rifiuti e risanamento	16.	16.
12.	10.	Assistenza sanitaria e sociale	13.	14.
13.	18.	Attività artistiche, di intrattenimento e divertimento	3.	9.

Classifica 2022	Classifica 2021	Settore	Totale delle decisioni nel 2021	Totale delle decisioni nel 2022
14.	14.	Settore immobiliare, locazione e leasing	7.	8.
15.	17.	Pubblica amministrazione	5.	6.
16.	16.	Servizi di pubblica utilità	5.	5.
17.	13.	Servizi di alloggio e ristorazione	7.	5.
18.	19.	Estrazione da cava e miniera, estrazione di petrolio e gas naturale	3.	3.
19.	15.	Istruzione	6.	3.
20.	20.	Gestione di società e imprese	1.	1.

Nota: le decisioni per settore sono state classificate in base alle prime due cifre del sistema di classificazione dell'industria del Nord America (NAICS). La loro corrispondenza con la legenda di questo grafico è la seguente: 11 – agricoltura, silvicoltura, pesca e caccia, 21 – estrazione da cava e miniera, estrazione di petrolio e gas naturale, 22 – servizi di pubblica utilità, 23 – edilizia, 31-33 – settore manifatturiero, 42 – commercio all'ingrosso, 44-45 – commercio al dettaglio, 48-49 – trasporti e magazzinaggio, 51 – informazione, 52 – finanza e assicurazioni, 53 – settore immobiliare, locazione e leasing, 54 – imprese professionali, scientifiche e tecniche, 55 – gestione di società e imprese, 56 – servizi amministrativi e di supporto alle imprese, gestione dei rifiuti e risanamento, 61 – istruzione, 62 – assistenza sanitaria e sociale, 71 – attività artistiche, di intrattenimento e divertimento, 72 – servizi di alloggio e ristorazione, 81 – altri servizi (eccetto pubblica amministrazione), 92 – pubblica amministrazione. Dati basati sulle 69 giurisdizioni nella banca dati *CompStats* dell'OCSE che hanno fornito dati comparabili per il 2021 e il 2022.
Fonte: banca dati *CompStats* dell'OCSE.

Il numero di cartelli conclusi con* settlement *è stato relativamente stabile

Il numero medio di casi di cartelli conclusi con *settlement* è rimasto relativamente stabile nel 2022, sebbene con alcune differenze tra le regioni.

In tutte le giurisdizioni, il numero di casi in cui sono state adottate procedure di *settlement* o di patteggiamento per regolare casi di infrazione dei cartelli è rimasto costante attorno a 1,8 in media per giurisdizione. Tuttavia, vi sono differenze tra le regioni: il numero di casi è lievemente aumentato nell'Asia-Pacifico, mentre è nettamente diminuito nella regione MOA (da 4,3 nel 2021 a 2,9 nel 2022) ed è rimasto relativamente stabile in Europa e nelle Americhe.

Grafico 2.10. Numero medio di casi di cartelli in cui sono state adottate procedure di *settlement* o di patteggiamento per risolvere casi di infrazione, per regione, 2015-2022

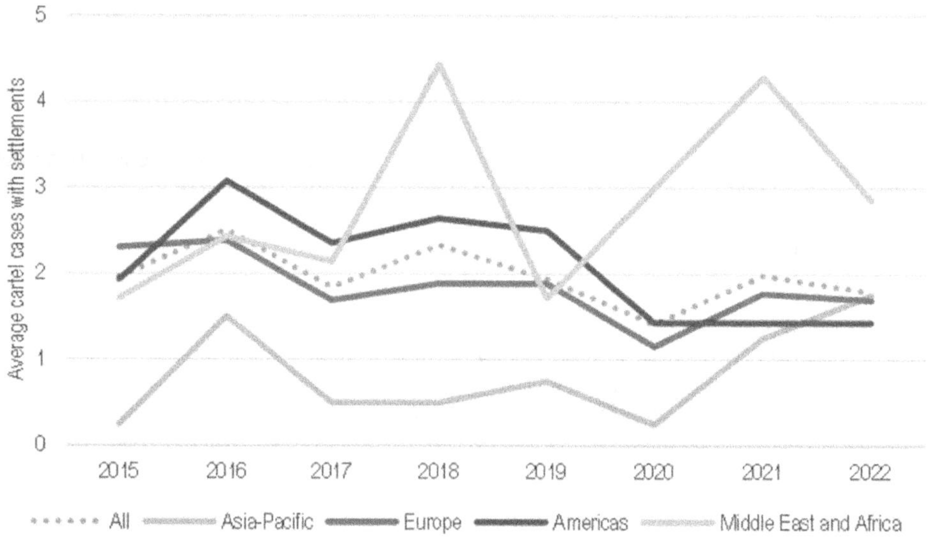

Nota: dati basati sulle 51 giurisdizioni nella banca dati *CompStats* dell'OCSE che hanno fornito dati relativi ai cartelli conclusi con *settlement* nell'arco di otto anni.
Fonte: banca dati *CompStats* dell'OCSE.

StatLink https://stat.link/6vnw53

Contrasto all'abuso di posizione dominante

Il numero di istruttorie avviate sull'abuso di posizione dominante è diminuito notevolmente

Il numero medio di istruttorie sull'abuso di posizione dominante avviate dalle autorità garanti della concorrenza è diminuito notevolmente in tutte le regioni, ad eccezione della regione MOA. In 50 delle 63 giurisdizioni con dati attinenti per tutti gli anni, il numero di istruttorie avviate è diminuito o rimasto invariato. Il numero medio di istruttorie avviate ha registrato un calo di circa il 25 % in tutte le giurisdizioni, passando da 5,6 nel 2021 a 4,2 nel 2022. Nonostante il numero di istruttorie avviate fosse relativamente stabile tra il 2017 e il 2021, l'andamento generale mostra un calo dal 2016.

Grafico 2.11. Numero medio di istruttorie sull'abuso di posizione dominante avviate dalle autorità garanti della concorrenza, 2015-2022

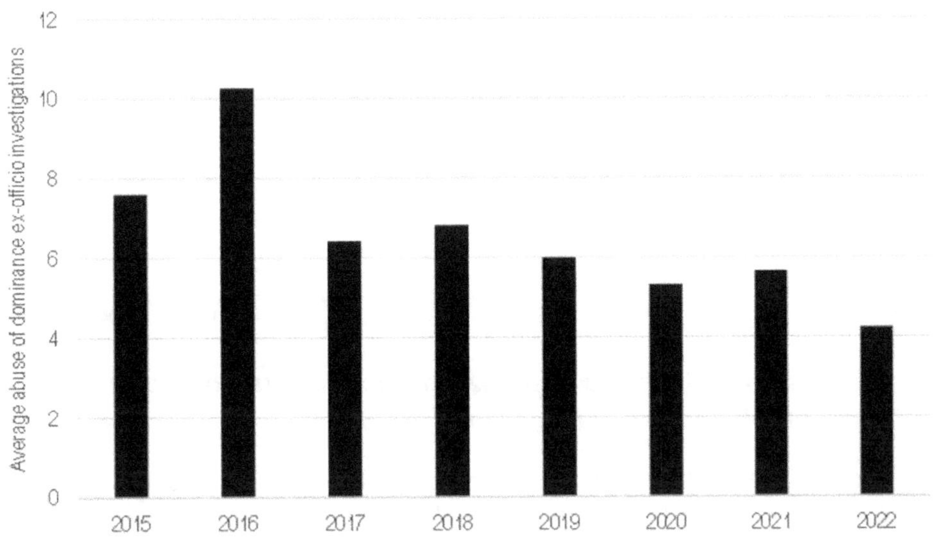

Nota: dati basati sulle 63 giurisdizioni nella banca dati *CompStats* dell'OCSE che hanno fornito dati relativi alle istruttorie sull'abuso di posizione dominante nell'arco di otto anni. Si tratta del numero di casi separati e non del numero di società coinvolte.
Fonte: banca dati *CompStats* dell'OCSE.

StatLink https://stat.link/yjwsh0

Le ispezioni sull'abuso di posizione dominante sono aumentate nelle Americhe e nella regione MOA, ma sono diminuite in Europa

Il ricorso a ispezioni per i casi di abuso di posizione dominante resta piuttosto raro. Le ispezioni sono aumentate nelle Americhe e nella regione MOA (seppure a partire da valori molto bassi, soprattutto nelle Americhe). La maggior parte delle ispezioni sull'abuso di posizione dominante sono state effettuate nella regione MOA, dove il numero medio di ispezioni per giurisdizione è aumentato da 0,5 nel 2021 a 1,28 nel 2022, sebbene sia stato trainato da una sola giurisdizione. Nel 2022, in Europa si è verificato un calo notevole, dovuto a poche giurisdizioni, anche se l'andamento tende ad essere piuttosto incostante sull'intero periodo (2015-2022) e il valore medio di 0,56 per giurisdizione (in tutte le giurisdizioni nel 2022) resta comunque basso. La maggior parte delle giurisdizioni che hanno fornito i dati non hanno riportato casi di ispezioni sull'abuso di posizione dominante nel 2022. Nella regione Asia-Pacifico non vengono effettuate ispezioni sull'abuso di posizione dominante dal 2017.

Grafico 2.12. Numero medio di casi relativi all'abuso di posizione dominante con ispezione, per regione, 2015-2022

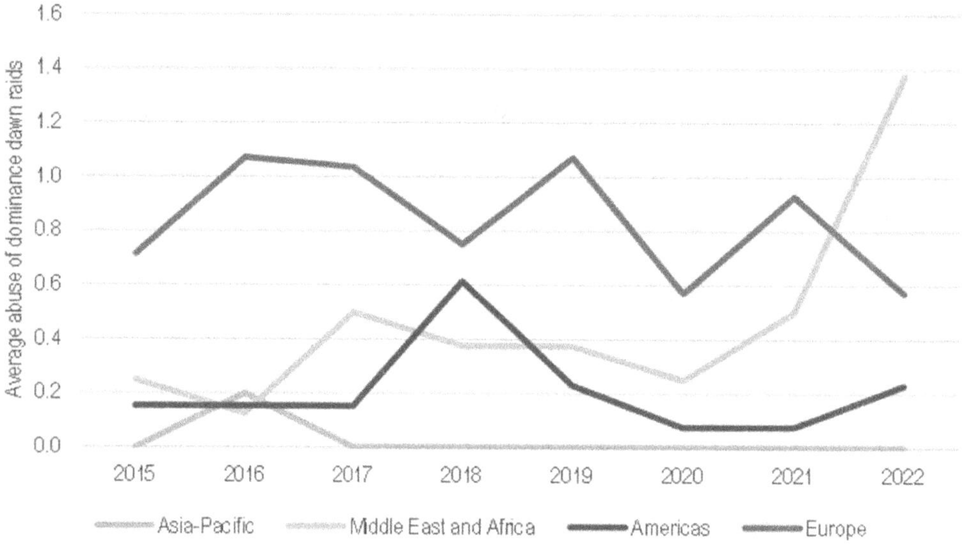

Nota: dati basati sulle 54 giurisdizioni nella banca dati *CompStats* dell'OCSE che hanno fornito dati relativi alle ispezioni sull'abuso di posizione dominante nell'arco di otto anni. Si tratta del numero di casi separati e non del numero di società coinvolte.
Fonte: banca dati *CompStats* dell'OCSE.

StatLink https://stat.link/t6ap1q

Nel complesso, le decisioni sull'abuso di posizione dominante sono diminuite, proseguendo una più ampia tendenza iniziata nel 2015

Il numero medio di decisioni sull'abuso di posizione dominante ha registrato un calo significativo, da 2 nel 2021 a 1,5 nel 2022. Tale calo segue la lenta tendenza al ribasso osservata nel periodo in esame, in cui la media di decisioni sull'abuso di posizione dominante per giurisdizione è passata da 2,4 nel 2015 a 1,5 nel 2022. Nel 2022, nelle giurisdizioni sia della zona OCSE che in quelle non appartenenti all'Organizzazione, la media delle decisioni sull'abuso dominante ha subito una diminuzione significativa, rispettivamente del 30 % e del 21 %. Questo calo inverte la tendenza al rialzo delle decisioni sull'abuso di posizione dominante in tali regioni osservata tra il 2020 e il 2021.

Grafico 2.13. Numero medio di decisioni sull'abuso di posizione dominante adottate dalle autorità garanti della concorrenza, 2015-2022

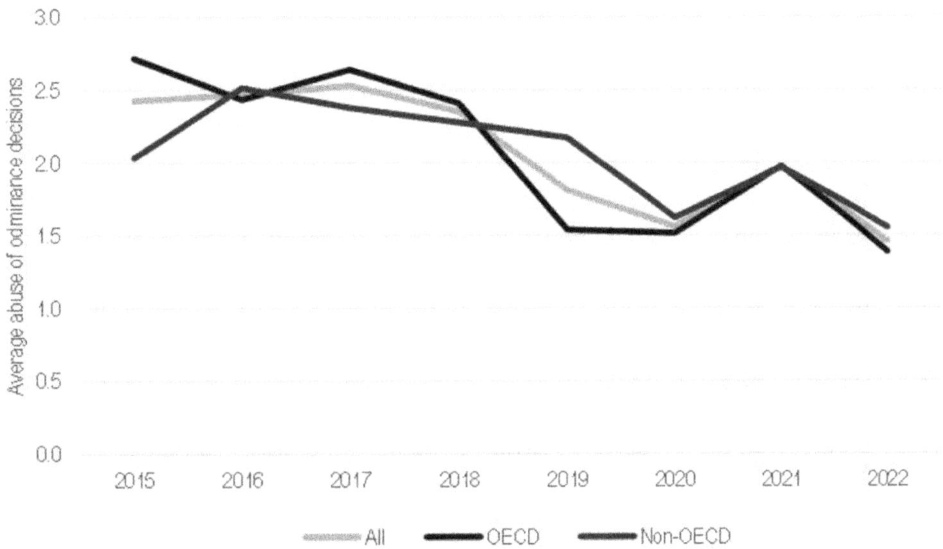

Nota: dati basati sulle 68 giurisdizioni nella banca dati *CompStats* dell'OCSE che hanno fornito dati relativi alle decisioni sull'abuso di posizione dominante nell'arco di otto anni. Si tratta del numero di decisioni adottate dalle autorità garanti della concorrenza (o di sentenze di un tribunale competente, nelle giurisdizioni in cui l'autorità garante non abbia poteri decisionali in merito).
Fonte: banca dati *CompStats* dell'OCSE.

StatLink https://stat.link/ib0e2c

Le decisioni sull'abuso di posizione dominante per settore: trasporti e magazzinaggio, manifattura e informazione sono rimasti i settori con il maggior numero di decisioni sull'abuso di posizione dominante

In base al numero totale di decisioni sull'abuso di posizione dominante, nel 2022 la classifica dei primi 10 settori è rimasta simile a quella del 2021. Nel 2022, i settori trasporti e magazzinaggio, manifattura e informazione sono rimasti i tre settori con il maggior numero di decisioni sull'abuso di posizione dominante, rappresentando il 47 % del totale delle decisioni, la stessa percentuale del 2021.

Grafico 2.14. Primi 10 settori per incidenza percentuale rispetto al totale delle decisioni sull'abuso di posizione dominante, 2021-2022

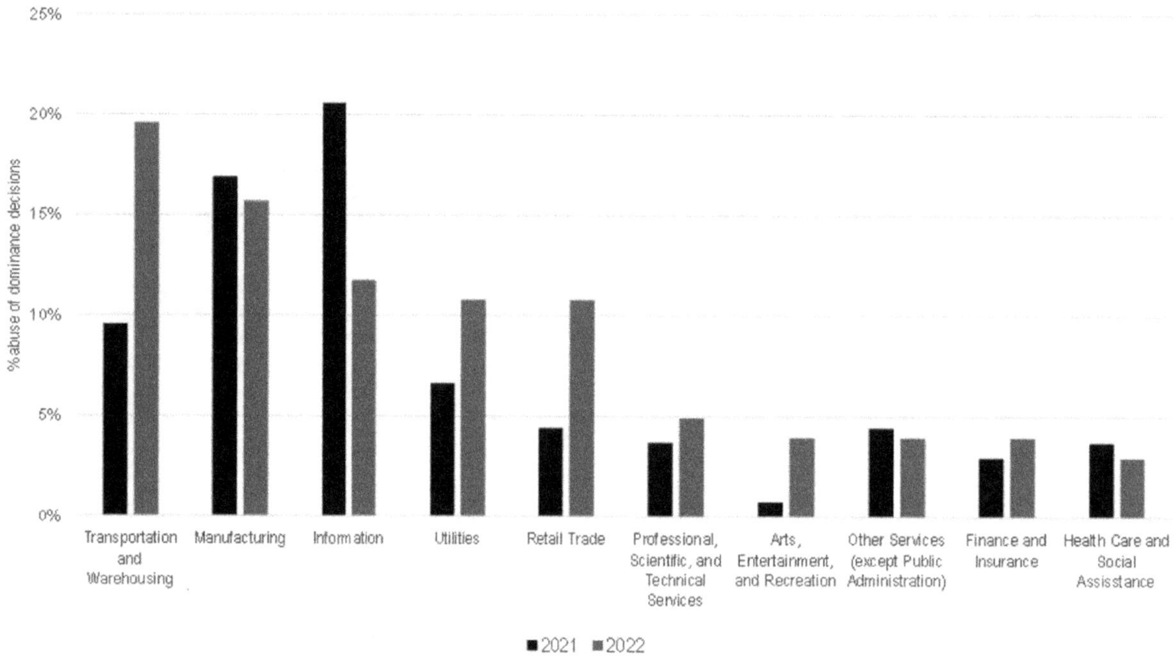

Nota: le decisioni per settore sono state classificate in base alle prime due cifre del sistema di classificazione dell'industria del Nord America (NAICS). La loro corrispondenza con la legenda di questo grafico è la seguente: 11 – agricoltura, silvicoltura, pesca e caccia, 21 – estrazione da cava e miniera, estrazione di petrolio e gas naturale, 22 – servizi di pubblica utilità, 23 – edilizia, 31-33 – settore manifatturiero, 42 – commercio all'ingrosso, 44-45 – commercio al dettaglio, 48-49 – trasporti e magazzinaggio, 51 – informazione, 52 – finanza e assicurazioni, 53 – settore immobiliare, locazione e leasing, 54 – imprese professionali, scientifiche e tecniche, 55 – gestione di società e imprese, 56 – servizi amministrativi e di supporto alle imprese, gestione dei rifiuti e risanamento, 61 – istruzione, 62 – assistenza sanitaria e sociale, 71 – attività artistiche, di intrattenimento e divertimento, 72 – servizi di alloggio e ristorazione, 81 – altri servizi (eccetto pubblica amministrazione), 92 – pubblica amministrazione. Dati basati sulle 71 giurisdizioni nella banca dati *CompStats* dell'OCSE che hanno fornito dati comparabili per il 2021 e il 2022.
Fonte: banca dati *CompStats* dell'OCSE.

StatLink https://stat.link/oh4s5w

Tabella 2.2. Totale delle decisioni sull'abuso di posizione dominante per settore, 2021-22

Classifica 2022	Classifica 2021	Settore	Totale delle decisioni nel 2021	Totale delle decisioni nel 2022
1.	3.	Trasporti e magazzinaggio	13.	20.
2.	2.	Settore manifatturiero	23.	16.
3.	1.	Informazione	28.	12.
4.	5.	Servizi di pubblica utilità	9.	11.
5.	7.	Commercio al dettaglio	6.	11.
6.	9.	Servizi professionali, scientifici e tecnici	5.	5.
7.	17.	Attività artistiche, di intrattenimento e divertimento	1.	4.
8.	8.	Altri servizi (eccetto pubblica amministrazione)	6.	4.
9.	11.	Finanza e assicurazioni	4.	4.
10.	10.	Assistenza sanitaria e sociale	5.	3.
11.	4.	Commercio all'ingrosso	13.	3.
12.	15.	Servizi di alloggio e ristorazione	3.	3.
13.	12.	Servizi amministrativi e di supporto alle imprese,	3.	3.

Classifica 2022	Classifica 2021	Settore	Totale delle decisioni nel 2021	Totale delle decisioni nel 2022
		gestione dei rifiuti e risanamento		
14.	14.	Edilizia	3.	1.
15.	13.	Pubblica amministrazione	3.	1.
16.	6.	Agricoltura, silvicoltura, pesca e caccia	7.	1.
17.	16.	Estrazione da cava e miniera, estrazione di petrolio e gas naturale	2.	0.
18.	18.	Gestione di società e imprese	1.	0.
19.	19.	Settore immobiliare, locazione e leasing	1.	0.
20.	20.	Istruzione	0.	0.

Nota: le decisioni per settore sono state classificate in base alle prime due cifre del sistema di classificazione dell'industria del Nord America (NAICS). La loro corrispondenza con la legenda di questo grafico è la seguente: 11 – agricoltura, silvicoltura, pesca e caccia, 21 – estrazione da cava e miniera, estrazione di petrolio e gas naturale, 22 – servizi di pubblica utilità, 23 – edilizia, 31-33 – settore manifatturiero, 42 – commercio all'ingrosso, 44-45 – commercio al dettaglio, 48-49 – trasporti e magazzinaggio, 51 – informazione, 52 – finanza e assicurazioni, 53 – settore immobiliare, locazione e leasing, 54 – imprese professionali, scientifiche e tecniche, 55 – gestione di società e imprese, 56 – servizi amministrativi e di supporto alle imprese, gestione dei rifiuti e risanamento, 61 – istruzione, 62 – assistenza sanitaria e sociale, 71 – attività artistiche, di intrattenimento e divertimento, 72 – servizi di alloggio e ristorazione, 81 – altri servizi (eccetto pubblica amministrazione), 92 – pubblica amministrazione. Dati basati sulle 71 giurisdizioni nella banca dati *CompStats* dell'OCSE che hanno fornito dati comparabili per il 2021 e il 2022.
Fonte: banca dati *CompStats* dell'OCSE.

Il numero di casi di abusi di posizione dominante conclusi con settlement *o l'assunzione di impegni è diminuito, trainato verso il basso dalle Americhe*

I casi di abuso di posizione dominante risolti con *settlement* o l'assunzione di impegni sono rari. Nel 2022, il ricorso a entrambe le procedure è diminuito ulteriormente. Il numero medio di casi relativi all'abuso di posizione dominante per i quali si è fatto ricorso a *settlement* o procedure di patteggiamento per la risoluzione dei casi di infrazione è lievemente diminuito nel 2022, sebbene questo calo sia stato trainato soprattutto dalle Americhe e dall'Asia-Pacifico. Infatti, nel 2022 nessun caso di abuso di posizione dominante è stato risolto con *settlement* nella regione dell'Asia-Pacifico. Il ricorso a queste procedure è lievemente aumentato in Europa e nella regione MOA, anche se l'utilizzo di *settlement* per casi relativi all'abuso di posizione dominante rimane limitato (rispettivamente 0,2 e 0,9).

Grafico 2.15. Numero medio di casi relativi all'abuso di posizione dominante in cui si è fatto ricorso a *settlement* o procedure di patteggiamento per risolvere i casi di infrazione, per regione, 2021-2022

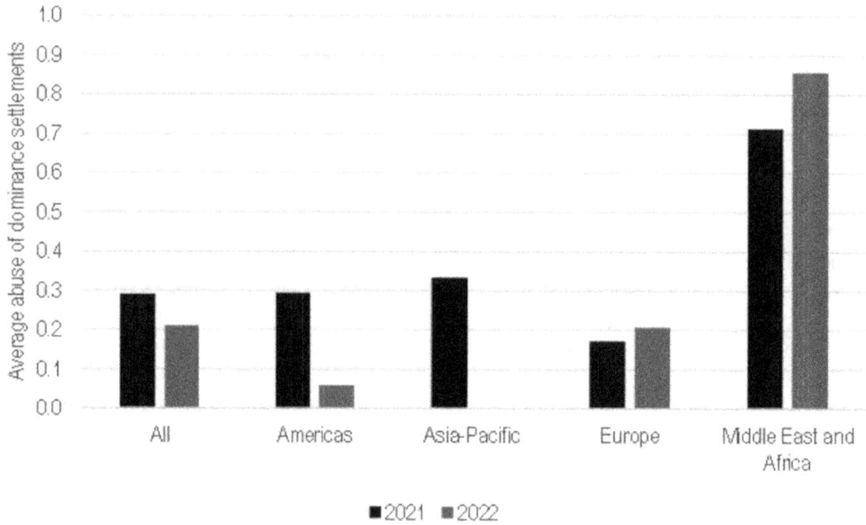

Nota: dati basati sulle 62 giurisdizioni nella banca dati *CompStats* dell'OCSE che hanno fornito dati relativi a casi di abuso di posizione dominante risolti con *settlement* nell'arco di otto anni.
Fonte: banca dati *CompStats* dell'OCSE.

StatLink https://stat.link/k4v3jg

Grafico 2.16. Numero medio di casi relativi all'abuso di posizione dominante in cui si è fatto ricorso all'assunzione di impegni o altri tipi di procedure negoziate/consensuali, per regione, 2021 2022

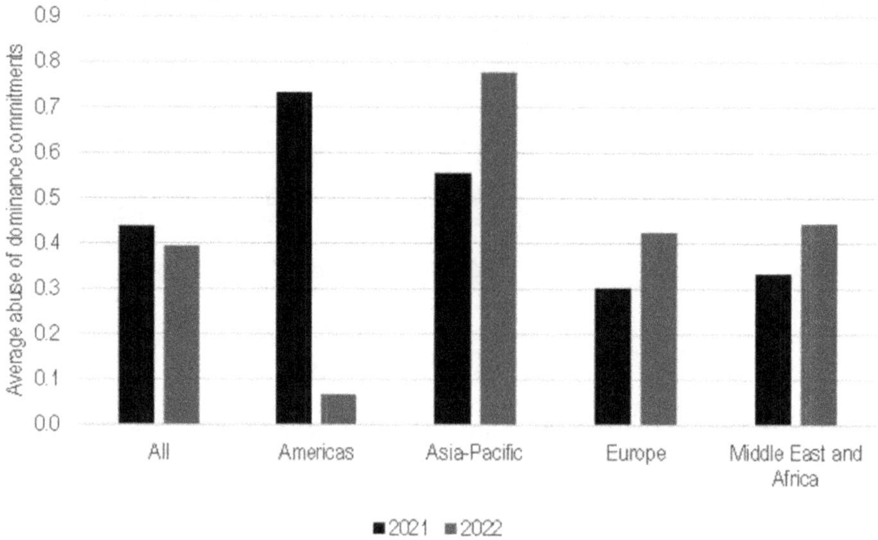

Nota: dati basati sulle 66 giurisdizioni nella banca dati *CompStats* dell'OCSE che hanno fornito dati relativi alle decisioni con impegni per abuso di posizione dominante nell'arco di otto anni.
Fonte: banca dati *CompStats* dell'OCSE.

StatLink https://stat.link/fxj1hi

Sanzioni

Le ammende per i cartelli e per l'abuso di posizione dominante sono diminuite

Nel 2022, le ammende per i cartelli e per i casi relativi all'abuso di posizione dominante sono diminuite. La media delle ammende per abuso di posizione dominante per giurisdizione è calata del 52 %, passando da 42,5 milioni di EUR nel 2021 a 20,4 milioni di EUR nel 2022. L'importo medio delle ammende per cartelli inflitte per giurisdizione è sceso del 45 %, passando da 89,8 milioni di EUR nel 2021 a 49,5 milioni di EUR nel 2022. Come nella maggior parte degli anni, il numero di ammende per le infrazioni di cartello è stato superiore a quello delle ammende inflitte per i casi di abuso di posizione dominante. L'importo delle ammende è incostante nella maggior parte delle giurisdizioni, senza che vi sia un andamento chiaro, e può variare notevolmente da un anno all'altro, in particolare per le ammende in caso di abuso di posizione dominante (che hanno raggiunto un picco nel 2018). Le ammende per i cartelli sono più costanti nell'arco di tempo in esame, con una media di circa 82 milioni di EUR per giurisdizione nel periodo 2015-2022.

Grafico 2.17. Media delle ammende inflitte per giurisdizione per tipo di infrazione (casi di cartelli e casi di abuso di posizione dominante), 2015-2022

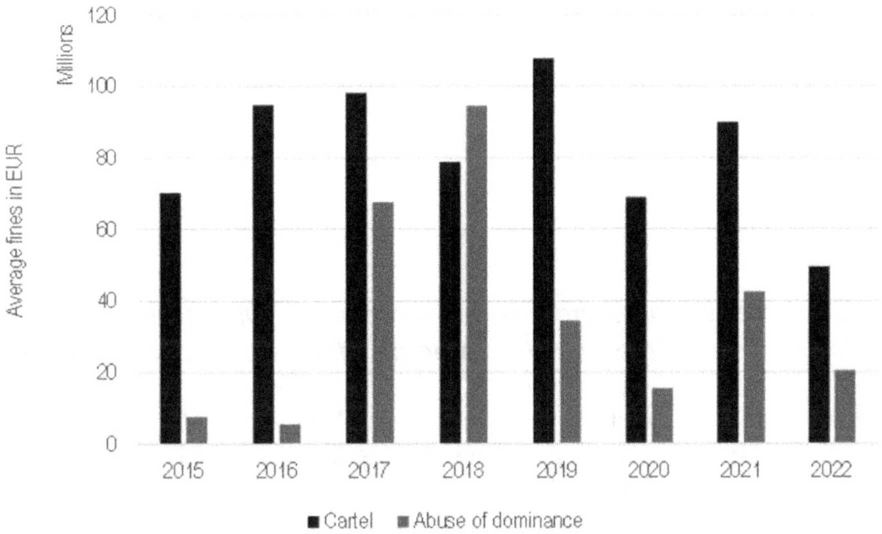

Nota: dati basati sulle 66 e 64 giurisdizioni (rispettivamente per i cartelli e per l'abuso di posizione dominante) nella banca dati *CompStats* dell'OCSE che hanno fornito dati relativi alle ammende per i cartelli e per l'abuso di posizione dominante nell'arco di otto anni. Le ammende nominali inflitte sono espresse in euro al valore del 2015 (le altre valute sono convertite applicando i tassi di cambio ufficiali del 31 dicembre 2015), al fine di eliminare qualsiasi distorsione dovuta alle fluttuazioni della valuta.
Fonte: banca dati *CompStats* dell'OCSE.

StatLink https://stat.link/sqtl14

Il valore delle ammende totali per i cartelli inflitte nel 2022 è stato pari a 3,27 miliardi di EUR, mentre le ammende totali per l'abuso di posizione dominante si sono attestate a 1,31 miliardi. Nel 2022, nell'Asia-Pacifico non sono state inflitte ammende per abuso di posizione dominante.

Grafico 2.18. Totale delle ammende inflitte per giurisdizione nei casi di cartelli (sinistra) e di abuso di posizione dominante (destra) per regione, 2015 2022

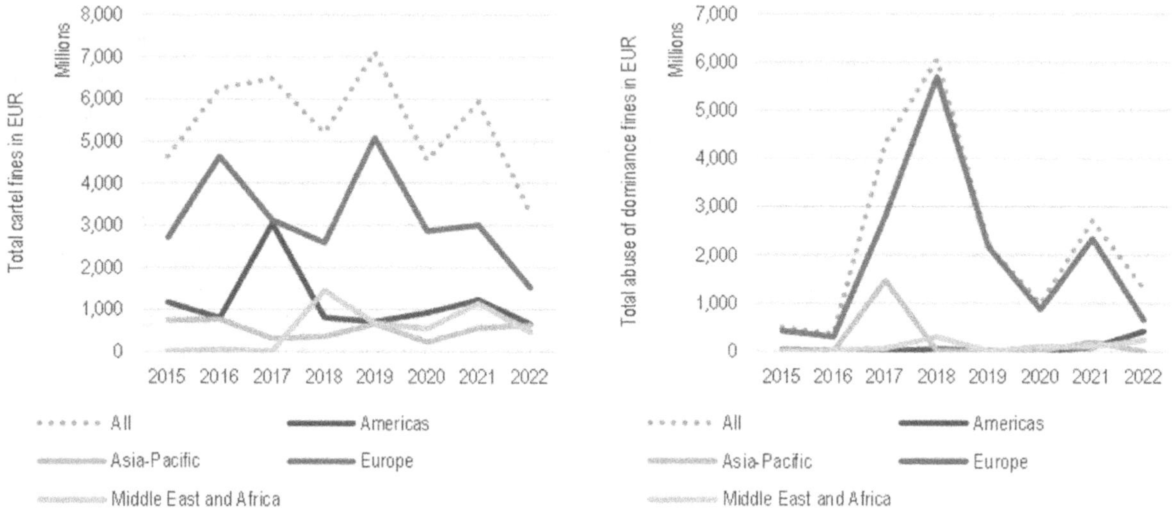

Nota: dati basati sulle 66 e 64 giurisdizioni (rispettivamente per i cartelli e per l'abuso di posizione dominante) nella banca dati *CompStats* dell'OCSE che hanno fornito dati relativi alle ammende per i cartelli e per l'abuso di posizione dominante nell'arco di otto anni. Le ammende nominali inflitte sono espresse in euro al valore del 2015 (le altre valute sono convertite applicando i tassi di cambio ufficiali del 31 dicembre 2015), al fine di eliminare qualsiasi distorsione dovuta alle fluttuazioni della valuta.
Fonte: banca dati *CompStats* dell'OCSE.

StatLink https://stat.link/m1g8pr

Il numero di società a cui sono state inflitte ammende è aumentato per i casi di abuso di posizione dominante, ma è rimasto relativamente stabile per i casi di cartelli

Nel 2022, il numero medio di società a cui sono state inflitte ammende per giurisdizione è rimasto relativamente stabile per i cartelli (intorno a 16), mentre è aumentato per l'abuso di posizione dominante (intorno a 2, il numero più elevato dal 2015).

Grafico 2.19. Numero medio di società per giurisdizione a cui sono state inflitte ammende per decisioni sui cartelli (sinistra) e per abuso di posizione dominante (destra), 2015-2022

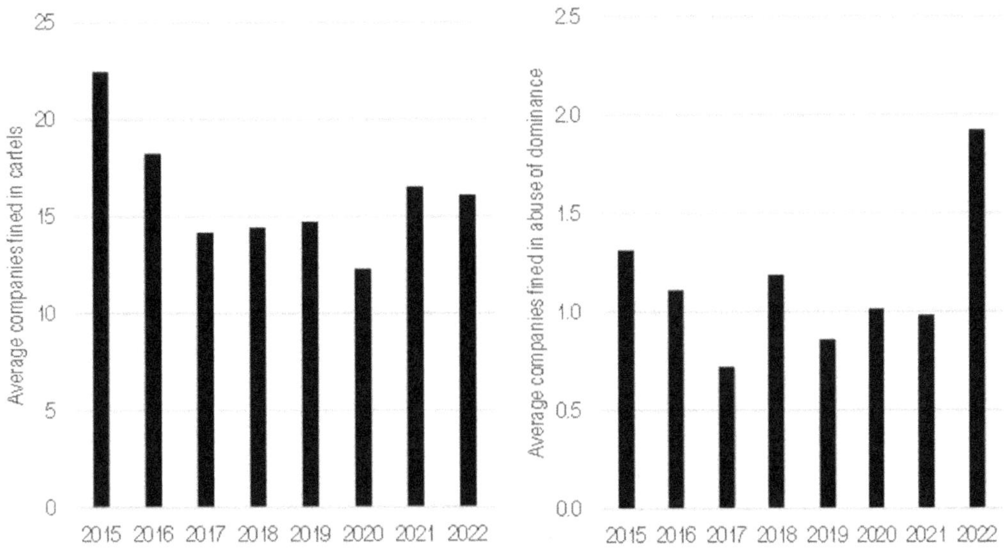

Nota: dati basati sulle 66 e 64 giurisdizioni (rispettivamente per i cartelli e per l'abuso di posizione dominante) nella banca dati *CompStats* dell'OCSE che hanno fornito dati relativi alle società a cui sono state inflitte ammende per cartelli e per abuso di posizione dominante nell'arco di otto anni.
Fonte: banca dati *CompStats* dell'OCSE.

StatLink https://stat.link/pn2hzj

Il numero di casi di cartelli in cui sono state inflitte ammende a persone fisiche è stato relativamente basso e ha seguito una tendenza al ribasso

Il numero medio di casi di cartelli in cui sono state inflitte ammende a persone fisiche è stato piuttosto incostante considerate alcune regioni. Tuttavia, durante il periodo in esame, ha raggiunto una media di 2,9 casi di cartelli per giurisdizione in cui sono state inflitte ammende a persone fisiche.

Grafico 2.20. Numero medio di casi di cartelli in cui sono state inflitte ammende a persone fisiche dalle autorità garanti della concorrenza o da un tribunale (esclusi i ricorsi), per regione, 2015-2022

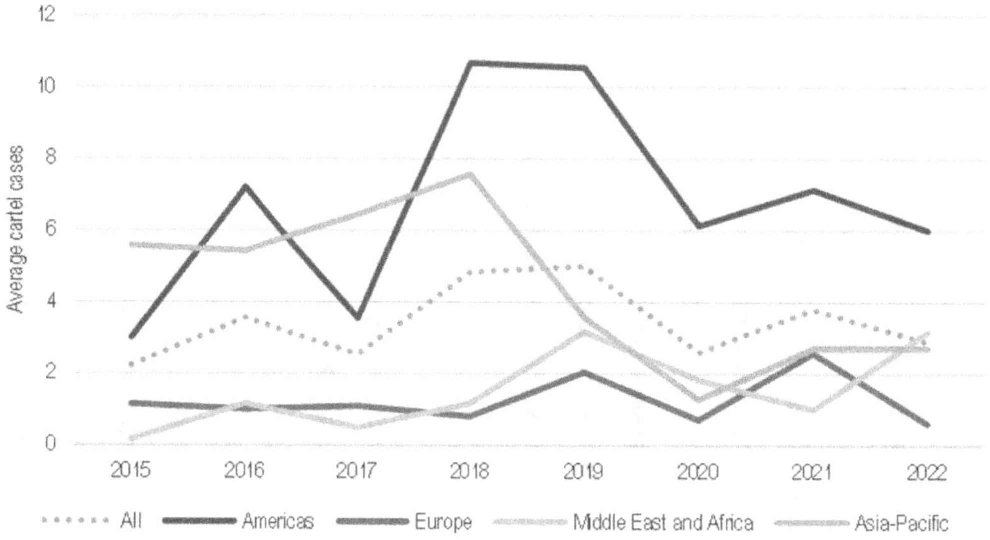

Nota: dati basati sulle 49 giurisdizioni nella banca dati *CompStats* dell'OCSE che hanno fornito dati relativi ai casi di cartelli in cui sono state inflitte ammende a persone fisiche nell'arco di otto anni.
Fonte: banca dati *CompStats* dell'OCSE.

StatLink https://stat.link/3nwpxy

Attività di promozione della concorrenza

Le indagini di mercato sono aumentate nella maggior parte delle regioni

Il numero medio di indagini di mercato per giurisdizione è rimasto relativamente stabile in tutte le regioni, ad eccezione dell'Asia-Pacifico, dove è aumentato in modo considerevole. Nella regione dell'Asia-Pacifico, la media delle indagini di mercato per autorità è aumentata da 3,2 nel 2021 a 5,4 nel 2022 (con una crescita del 65 %). Tuttavia, tale aumento è stato principalmente trainato da un numero ridotto di giurisdizioni nella regione. Nel complesso, l'aumento più rilevante è stato riportato nelle giurisdizioni non appartenenti all'OCSE (dove la media annua delle indagini di mercato è passata da 2,1 a 2,7), mentre nelle giurisdizioni dell'OCSE il numero medio è rimasto invariato (3 indagini di mercato all'anno).

Grafico 2.21. Numero medio di indagini di mercato per regione, 2015-2022

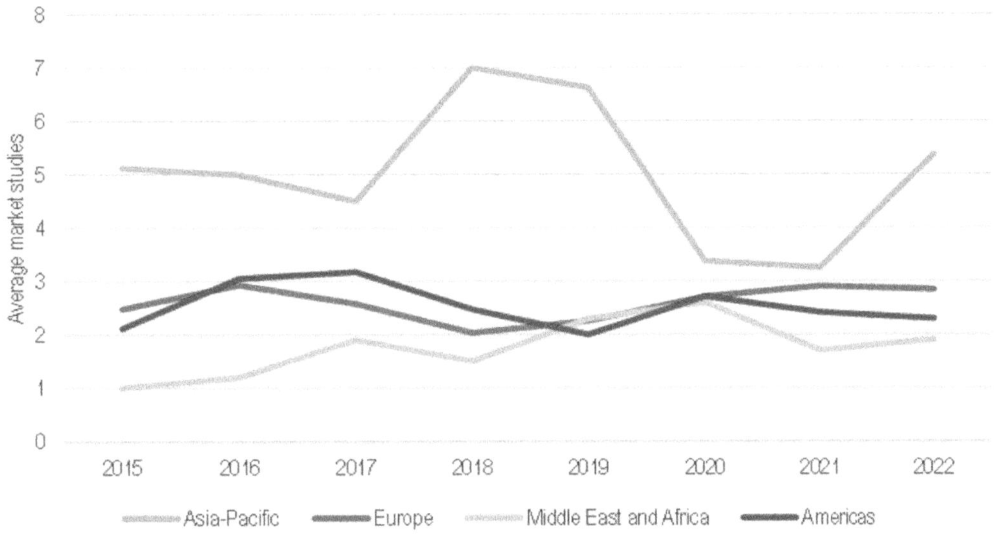

Nota: dati basati sulle 66 giurisdizioni nella banca dati *CompStats* dell'OCSE che hanno fornito dati relativi alle indagini di mercato nell'arco di otto anni.
Fonte: banca dati *CompStats* dell'OCSE.

StatLink https://stat.link/eba8gz

3 Analisi approfondita: le tendenze nel controllo delle fusioni

Il presente capitolo è dedicato al controllo delle fusioni e fornisce un'analisi su: (i) i dati relativi alle fusioni presenti nella banca dati *CompStats* dell'OCSE, che adesso sono pubblicamente disponibili per le singole giurisdizioni e possono dunque essere spiegati più nel dettaglio rispetto alle precedenti edizioni; (ii) una nuova serie di dati raccolti dal Segretariato dell'OCSE sulle decisioni relative ai divieti nel periodo 2015-2022.

Quest'anno, per la prima volta, le giurisdizioni hanno acconsentito a rendere pubblici i dati relativi al controllo delle fusioni per ciascuna giurisdizione. In quest'ottica, il capitolo illustra le tendenze relative al controllo delle fusioni su base aggregata spiegando quali giurisdizioni trainano tali tendenze aggregate. Il documento Excel a supporto del presente rapporto fornisce i dati sul controllo delle fusioni per ciascuna giurisdizione.

Tendenze nel controllo delle fusioni nella banca dati *CompStats*

Le notifiche di fusioni sono diminuite nelle giurisdizioni dell'OCSE

Nel 2022 si è registrata una diminuzione del numero totale di notifiche relative a fusioni. Tuttavia, tale tendenza è stata determinata principalmente da un calo nello specifico nelle giurisdizioni appartenenti all'OCSE. Il numero di notifiche di fusioni nelle giurisdizioni non appartenenti all'OCSE ha continuato a crescere nel 2022, benché a un ritmo più basso rispetto al 2021. Malgrado il calo osservato nel 2022 a riguardo delle notifiche di fusioni totali, il numero era comunque superiore rispetto all'intero periodo 2015-2020 (con una media di 179 per giurisdizione, superiore al precedente picco di 154 registrato nel 2019).

Grafico 3.1. Numero medio di notifiche di fusioni, 2015-2022

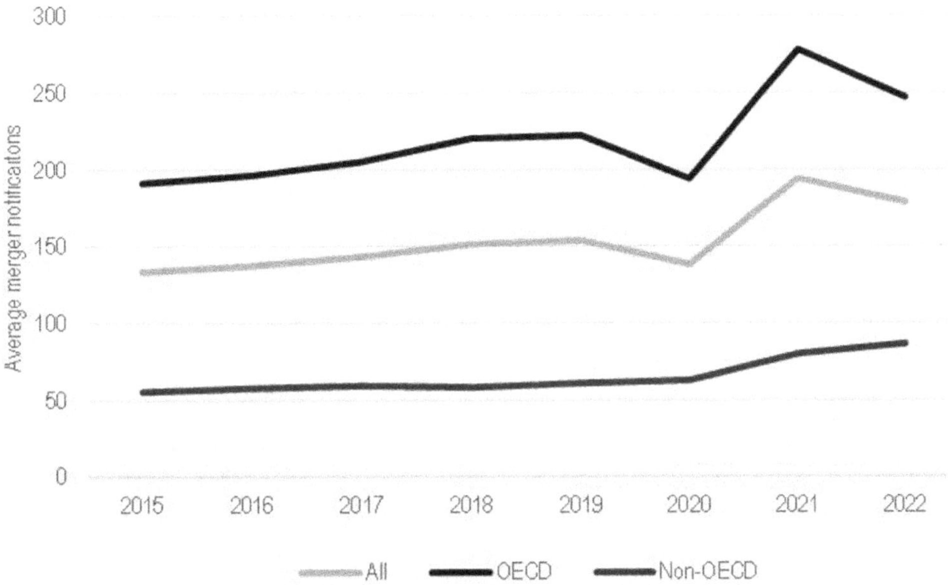

Nota: dati basati sulle 66 giurisdizioni nella banca dati *CompStats* dell'OCSE che hanno fornito dati comparabili per l'intero periodo di otto anni.
Fonte: banca dati *CompStats* dell'OCSE.

StatLink https://stat.link/riycu3

Come mostra il grafico 3.2, nel 2022 il calo delle notifiche di fusioni è stata una tendenza diffusa nella maggior parte delle giurisdizioni appartenenti all'OCSE: il 63 % di esse (24 delle 38 giurisdizioni con dati attinenti per tutti gli anni) ha registrato una riduzione delle notifiche di fusioni. Il 36 % delle giurisdizioni non appartenenti all'OCSE (10 delle 38 giurisdizioni con dati attinenti per tutti gli anni) ha riportato un calo delle notifiche. Inoltre, il numero di giurisdizioni che hanno registrato un incremento percentuale nel 2022 è stato notevolmente più alto tra le giurisdizioni non appartenenti all'OCSE (47 %) rispetto al 26 % delle giurisdizioni dell'OCSE. Si noti che nel caso del Perù, la variazione percentuale è stata dovuta all'estensione del regime di controllo delle fusioni, passando dal solo settore dell'energia a tutti i settori dell'economia.

Nel 2021, l'aumento delle notifiche di fusioni è stato perlopiù dovuto al notevole incremento registrato negli Stati Uniti, passando da 1 580 notifiche di fusioni nel 2020 a 3 413 nel 2021. Tuttavia, nel 2022 il numero è calato dell'11 % attestandosi a 3 029 (nonostante il valore fosse comunque più alto del 92 % rispetto al numero delle notifiche di fusioni nel 2020).

Grafico 3.2. Distribuzione per giurisdizione della variazione percentuale nel numero di notifiche di fusioni dal 2021 al 2022, per le giurisdizioni della zona OCSE (sinistra) e per quelle non appartenenti all'OCSE (destra)

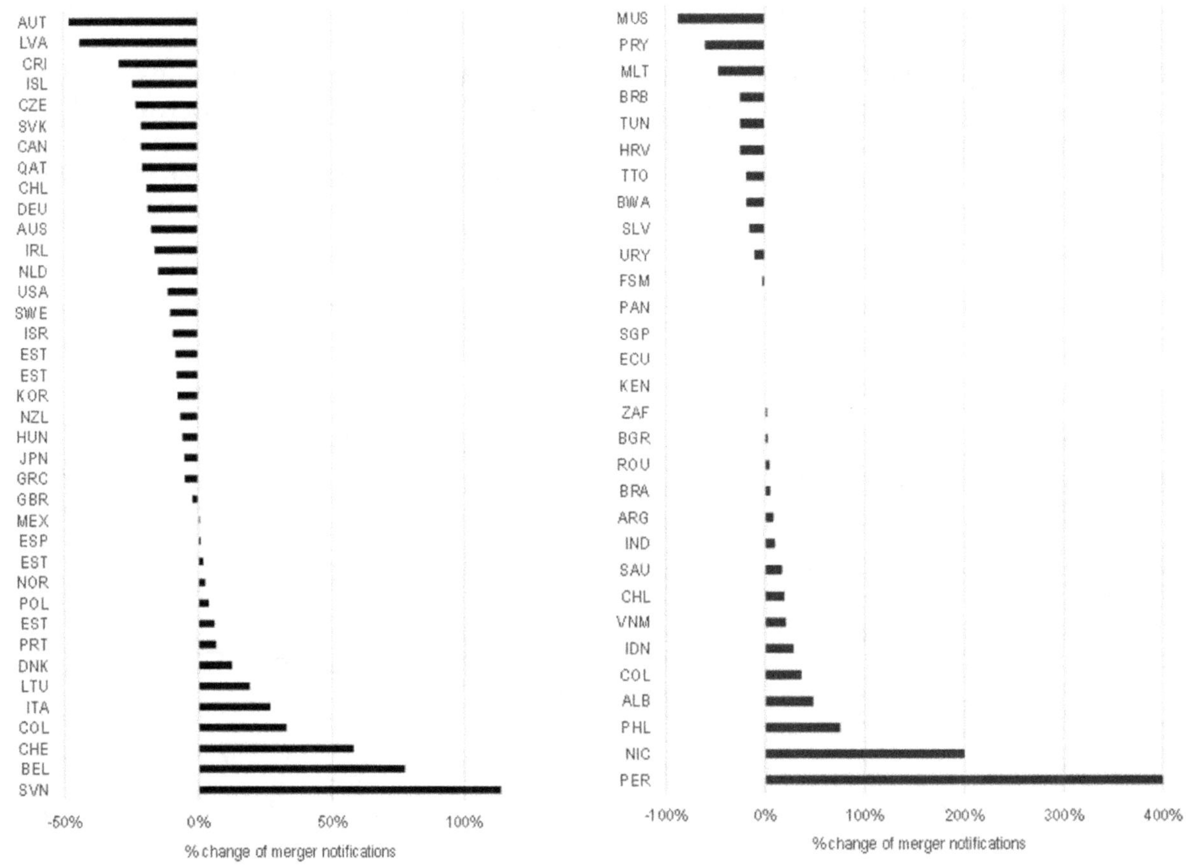

Nota: dati basati sulle 68 giurisdizioni nella banca dati *CompStats* dell'OCSE che hanno fornito dati per il 2021 e il 2022. Ciascuna barra rappresenta una giurisdizione.
Fonte: banca dati *CompStats* dell'OCSE.

StatLink https://stat.link/90jo5y

Analizzando le notifiche di fusioni per regione, si osserva una diminuzione in ciascuna di esse. In Europa, le notifiche di fusioni hanno riportato la diminuzione più significativa (12 % rispetto al 2021), seguita dalle Americhe (calo dell'8 %), dalla regione MOA (calo del 5 %) e dalla regione Asia-Pacifico (calo del 3 %).

Grafico 3.3. Numero medio di notifiche di fusioni per regione, 2015-2022

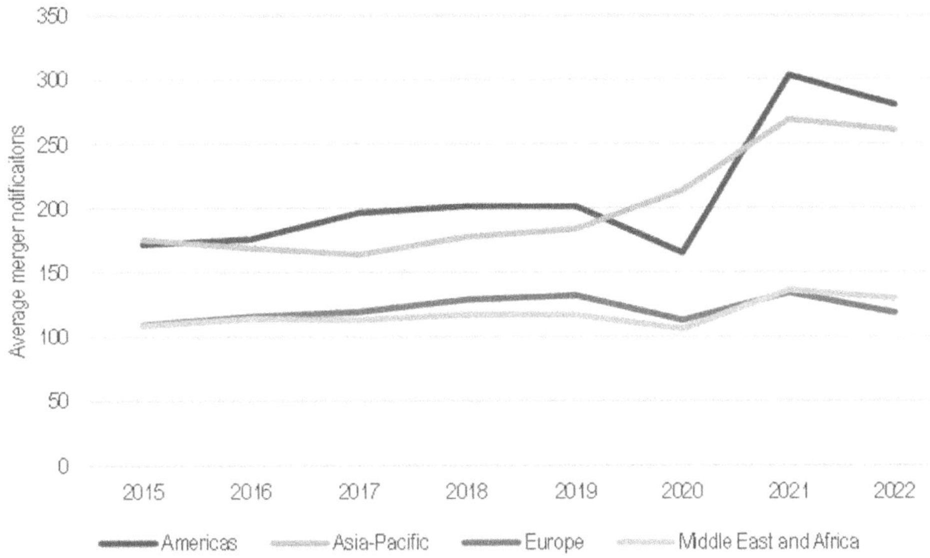

Nota: dati basati sulle 66 giurisdizioni nella banca dati *CompStats* dell'OCSE che hanno fornito dati comparabili per tutti gli otto anni.
Fonte: banca dati *CompStats* dell'OCSE.

StatLink https://stat.link/trghy5

Il tasso di intervento sulle fusioni è aumentato nelle giurisdizioni dell'OCSE

Contrariamente all'anno precedente, nel 2022 è stato registrato un aumento significativo del tasso di intervento sulle fusioni, ovvero la quota di operazioni in cui le autorità garanti della concorrenza sono intervenute imponendo un rimedio oppure vietando un'operazione. Tale andamento risulta valido a prescindere dal fatto che i ritiri dalle fusioni vengano inclusi o meno nel numeratore. L'aumento è stato trainato perlopiù da giurisdizioni dell'OCSE, mentre per le giurisdizioni non appartenenti all'OCSE il dato è rimasto stabile.

Nel 2022, l'aumento osservato nelle giurisdizioni della zona OCSE è stato determinato da: Regno Unito (dal 15 % nel 2021 al 53 % nel 2022), Islanda (dal 7 % nel 2021 al 30 % nel 2022), Grecia (dallo 0 % nel 2021 al 10 % nel 2022), Nuova Zelanda (dal 6 % nel 2021 al 13 % nel 2022) e Irlanda (dal 4 % nel 2021 al 10 % nel 2022).[2]

Tra il 2017 e il 2021, la tendenza al ribasso nelle giurisdizioni non appartenenti all'OCSE non è stata trainata da una diminuzione costante in specifiche giurisdizioni. Nel tempo, la variazione in tali giurisdizioni è stata più incostante, con cambiamenti significativi di anno in anno. Il tasso di intervento sulle fusioni nelle giurisdizioni non appartenenti all'OCSE ha registrato una diminuzione costante, da un picco dell'8,1 % nel 2017 a un minimo pari al 4,3 % nel 2022.

Nel periodo 2018-2021, il tasso di intervento sulle fusioni ha registrato un calo anche nelle giurisdizioni dell'OCSE, tuttavia tale tendenza si è invertita, con un netto aumento registrato nel 2022. Tale incremento nelle giurisdizioni della zona OCSE è stato dovuto a: (i) un aumento del numero totale di decisioni inerenti alle fusioni in cui l'autorità garante è intervenuta, da 135 nel 2021 a 173 nel 2022 (ovvero un incremento nel numeratore); (ii) una diminuzione del numero totale di decisioni da 10 243 nel 2021 a 9 026 nel 2022 (ovvero una diminuzione nel denominatore).

Grafico 3.4. Media del tasso di intervento sulle fusioni (esclusi i ritiri dalle fusioni), 2015-2022

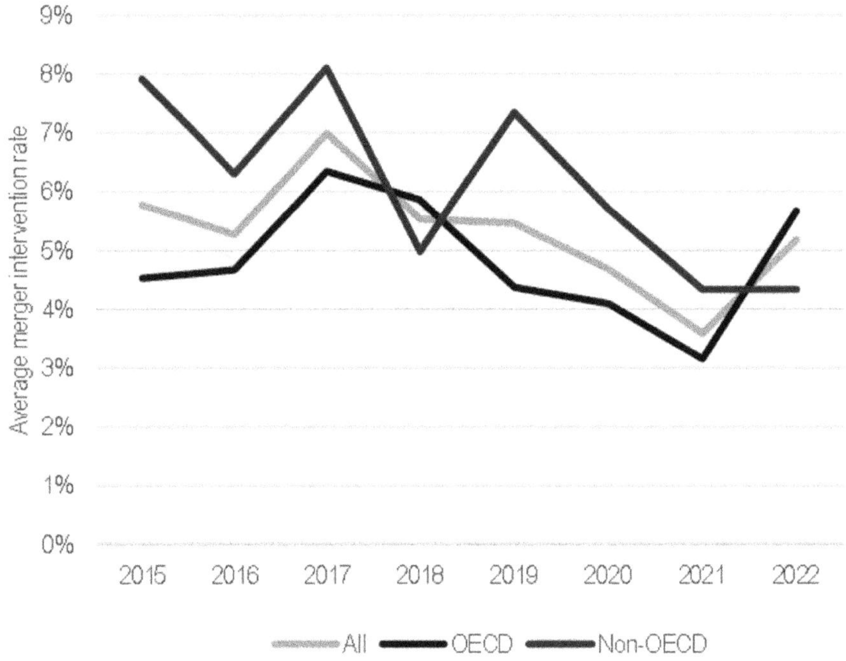

Nota: dati basati sulle 60 giurisdizioni nella banca dati *CompStats* dell'OCSE che hanno fornito dati comparabili per tutti gli otto anni.
Fonte: banca dati *CompStats* dell'OCSE.

StatLink https://stat.link/ie1pqu

L'evoluzione del tasso di intervento presenta alcune differenze a livello regionale, con un aumento in Europa e nella regione MOA e una diminuzione nell'Asia-Pacifico e nelle Americhe. Nel 2022, le giurisdizioni della regione MOA hanno registrato il tasso di intervento più alto, con una media pari al 7,3 %, in aumento rispetto al 5,9 % del 2021, mentre l'Asia-Pacifico ha riportato il tasso di intervento più basso, con una media del solo 2,7 %, in calo rispetto al 3,4 % del 2021. L'Europa è la regione in cui il tasso di intervento è cresciuto maggiormente, passando dal 2,8 % nel 2021 al 5,9 % nel 2022, mentre la diminuzione più significativa è stata registrata nelle Americhe, passando dal 4,5 % nel 2021 al 3,4 % nel 2022.

Grafico 3.5. Media del tasso di intervento sulle fusioni (esclusi i ritiri dalle fusioni) per regione, 2015-2022

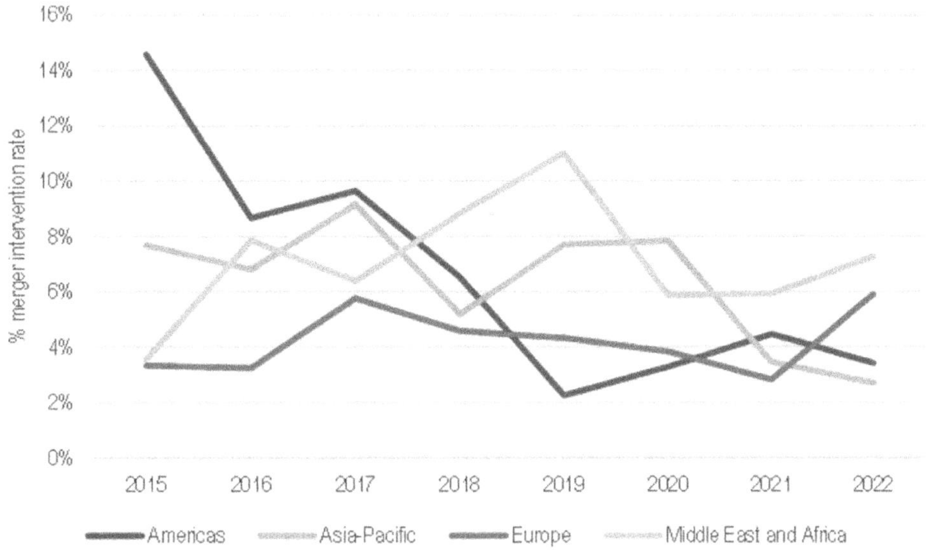

Nota: dati basati sulle 60 giurisdizioni nella banca dati *CompStats* dell'OCSE che hanno fornito dati comparabili per tutti gli otto anni.
Fonte: banca dati *CompStats* dell'OCSE.

StatLink https://stat.link/uvogt6

Le autorità garanti hanno fatto ricorso ai rimedi per le fusioni con maggiore frequenza

Come mostra il Grafico 3.6, l'aumento del tasso di intervento nel 2022 è stato dovuto principalmente a un maggiore impiego di rimedi. Tale incremento ha riguardato sia i rimedi in Fase 2 (da 108 a 185), sia i rimedi in Fase 1 (da 61 a 78). Il numero di divieti e di ritiri dalle fusioni nel 2022 (rispettivamente 34 e 53) è rimasto relativamente simile al 2021 (rispettivamente 29 e 49), pertanto non spiega l'aumento del tasso di intervento.

Grafico 3.6. Numero di decisioni inerenti alle fusioni, per esito, in cui è intervenuta un'autorità garante oppure è stata ritirata una fusione, 2015-2022

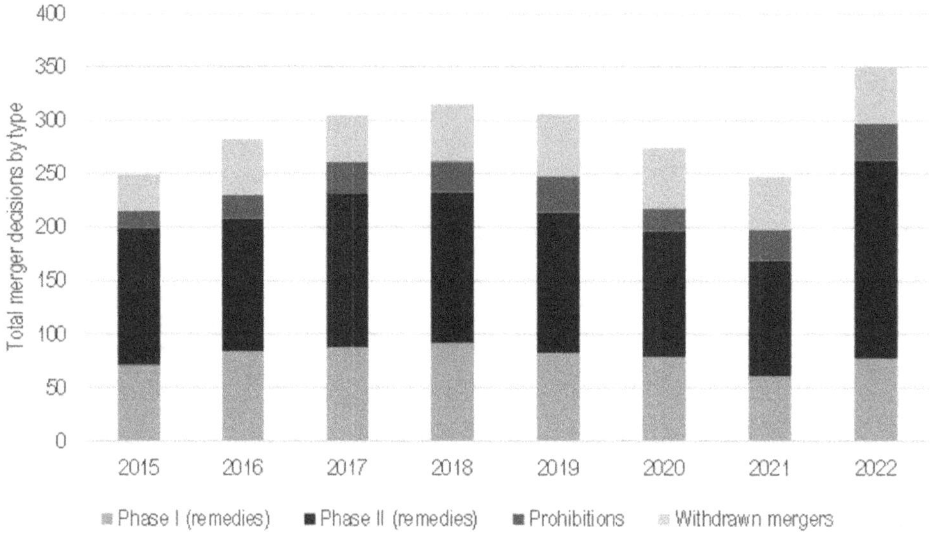

Nota: dati basati sulle 66 giurisdizioni nella banca dati *CompStats* dell'OCSE che hanno fornito dati comparabili per tutti gli otto anni.
Fonte: banca dati *CompStats* dell'OCSE.

StatLink https://stat.link/z7ipyh

Tendenze dei dati dell'OCSE relativi ai divieti

La maggior parte dei divieti di fusione è concentrata in alcune giurisdizioni

Il Segretariato dell'OCSE ha raccolto le decisioni totali dei divieti di fusione identificati dalle autorità garanti della concorrenza nello studio *Competition Statistics* (*Statistiche sulla concorrenza*) per il periodo 2015-2022, con un totale di 216 decisioni di divieti.

Sulla base di un esame relativo alle decisioni di divieto disponibili, ai siti web delle autorità garanti della concorrenza e ai rapporti annuali pubblicati sul sito web dell'OCSE, il Segretariato ha determinato diverse variabili supplementari, quali: (i) la teoria del danno concorrenziale, sulla quale le autorità hanno basato le loro decisioni (tale teoria consiste in effetti orizzontali unilaterali, effetti orizzontali coordinati, effetti verticali, effetti conglomerali e altri); (ii) il settore (basato sul sistema di classificazione NAICS); (iii) il mercato. La presente sezione del rapporto fornisce un riassunto di tali variabili.

La maggior parte dei divieti si concentra in poche giurisdizioni. Le sei giurisdizioni con il maggior numero di divieti rappresentano il 57 % del totale dei divieti registrati nel periodo 2015-2022 (124 su 206 divieti). Tali giurisdizioni sono: Sudafrica, Stati Uniti, Regno Unito, Israele, Germania e Unione europea.

Grafico 3.7. Totale dei divieti, per giurisdizione, 2015-2022

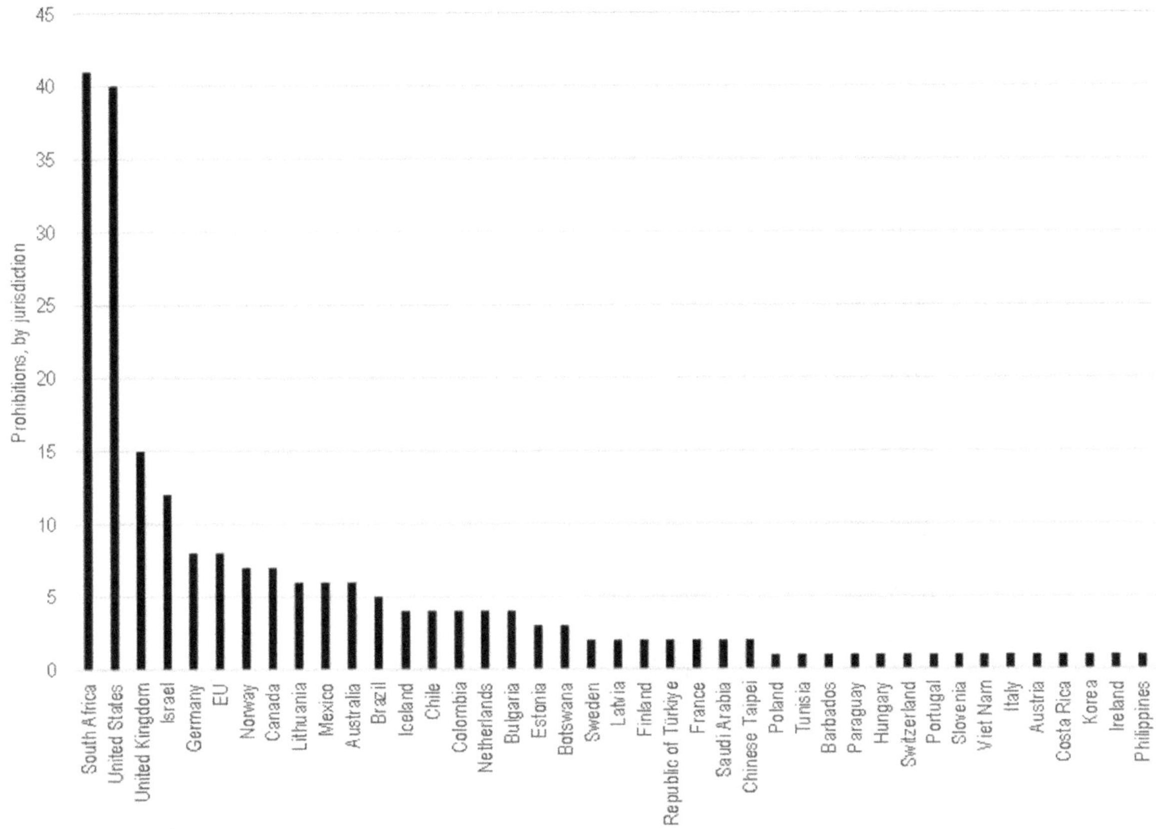

Nota: dati basati sulle 66 giurisdizioni nella banca dati *CompStats* dell'OCSE.
Fonte: banca dati *CompStats* dell'OCSE.

StatLink https://stat.link/i5a36h

La maggior parte dei divieti si basa sulle teorie orizzontali del danno concorrenziale

Le teorie orizzontali del danno concorrenziale sono le più frequenti nelle decisioni di divieti di fusione (173 decisioni). Le teorie coordinate orizzontali del danno concorrenziale (36 decisioni) sono simili in quantità alle teorie verticali (39 decisioni). Le teorie conglomerate del danno concorrenziale sono trascurabili nelle decisioni di divieti di fusione (solo 4 decisioni). Inoltre, alcune giurisdizioni presentano ulteriori teorie del danno concorrenziale, ad esempio le teorie del danno concorrenziale di interesse pubblico in Sudafrica (tuttavia, tali teorie non sono incluse nel seguente grafico).

Diversi divieti hanno tenuto conto di molteplici teorie del danno concorrenziale nella decisione, soprattutto nei casi in cui gli effetti unilaterali orizzontali non rappresentavano la preoccupazione principale. Solo il 20 % delle fusioni vietate quale conseguenza di preoccupazioni unilaterali orizzontali ha tenuto conto anche di un'altra teoria del danno concorrenziale; tuttavia, tale quota aumenta significativamente se si considerano le fusioni vietate per effetti coordinati e verticali (rispettivamente il 56 % e il 59 % dei casi). Tutti i divieti fondati sugli effetti conglomerali hanno tenuto conto anche di un'altra teoria del danno concorrenziale.

Grafico 3.8. Divieti totali, per teoria del danno concorrenziale, in base al numero di teorie considerate, 2015-2022

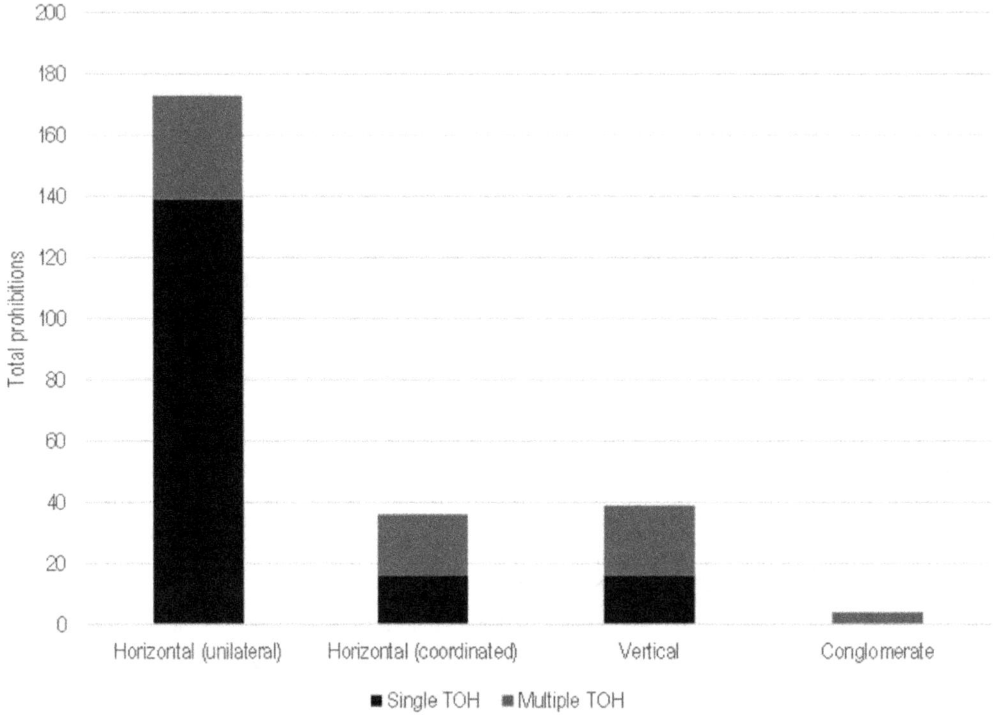

Nota: alcune decisioni di divieti si possono fondare su molteplici teorie del danno concorrenziale, come indicato nel grafico. Pertanto, il numero di teorie del danno concorrenziale indicate nel grafico è superiore al numero di decisioni di divieti. Inoltre, alcune giurisdizioni presentano ulteriori teorie del danno concorrenziale, ad esempio le teorie del danno concorrenziale di interesse pubblico in Sudafrica. Tuttavia, tali teorie non sono incluse nel grafico.
Fonte: OCSE e informazioni provenienti dai siti web delle autorità garanti della concorrenza e dai rapporti annuali condivisi dalle autorità garanti con l'Organizzazione.

StatLink https://stat.link/c9hd3p

La quota di decisioni relative ai divieti di fusione distribuite tra le diverse teorie del danno concorrenziale è rimasta relativamente costante nel tempo, malgrado alcune variazioni. Ad esempio, nel 2019 si è registrato un picco delle decisioni di divieti fondate sulle teorie del danno concorrenziale verticali e conglomerali.

Grafico 3.9. Divieti totali, per teoria del danno concorrenziale e anno, 2015-2022

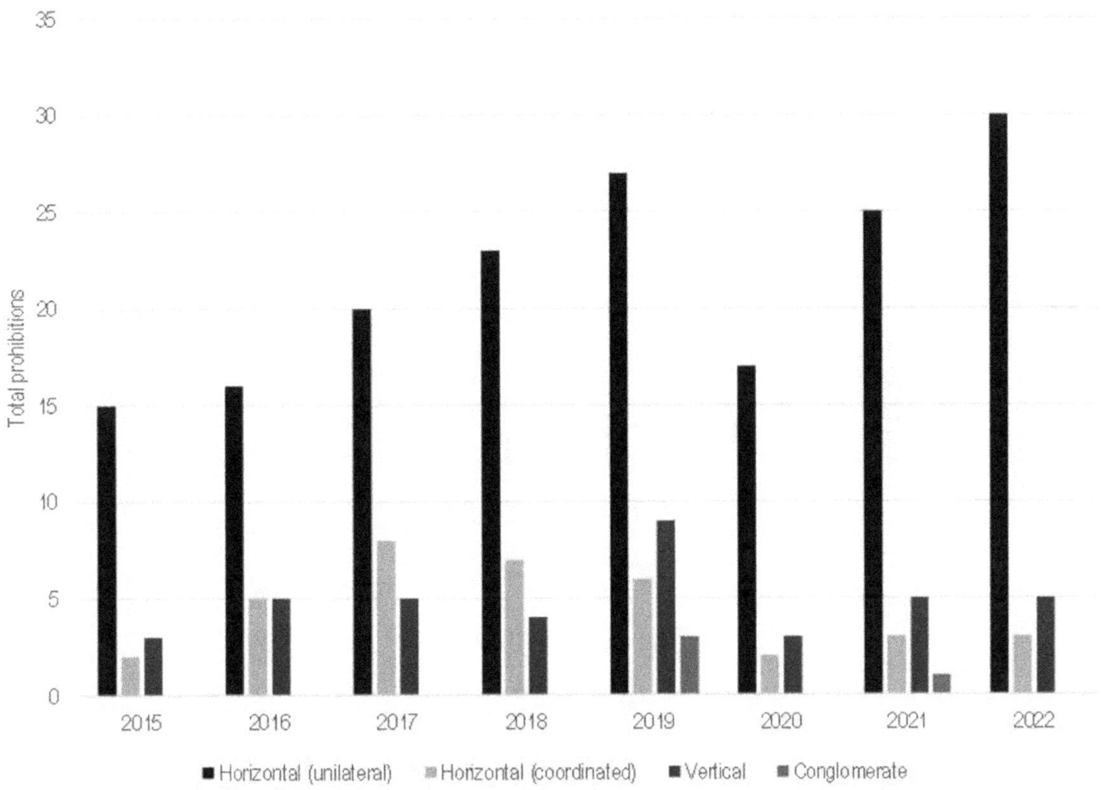

Nota: alcune decisioni di divieti si possono fondare su molteplici teorie del danno concorrenziale, come indicato nel grafico. Pertanto, il numero di occorrenze di una data teoria è superiore al numero delle decisioni di divieti. Inoltre, alcune giurisdizioni presentano ulteriori teorie del danno concorrenziale (meno comuni), ad esempio le teorie del danno concorrenziale di interesse pubblico in Sudafrica. Tuttavia, tali teorie non sono incluse nel grafico.
Fonte: OCSE e informazioni provenienti dai siti web delle autorità garanti della concorrenza e dai rapporti annuali condivisi dalle autorità garanti con l'Organizzazione.

StatLink https://stat.link/hwgeyd

Il settore manifatturiero e il commercio al dettaglio sono i settori con il maggior numero di divieti

I divieti risultano più frequenti nei settori tipicamente caratterizzati da prodotti omogenei e nei quali è più probabile che si verifichino problematiche legate a una sovrapposizione orizzontale, ad esempio nel settore manifatturiero e nel commercio al dettaglio. Tuttavia, anche il settore dell'informazione presenta diversi divieti, che potrebbero essere correlati ad operazioni nei mercati digitali, seppur in modo impreciso.

Grafico 3.10. Divieti totali per settore (NAICS), 2015-2022

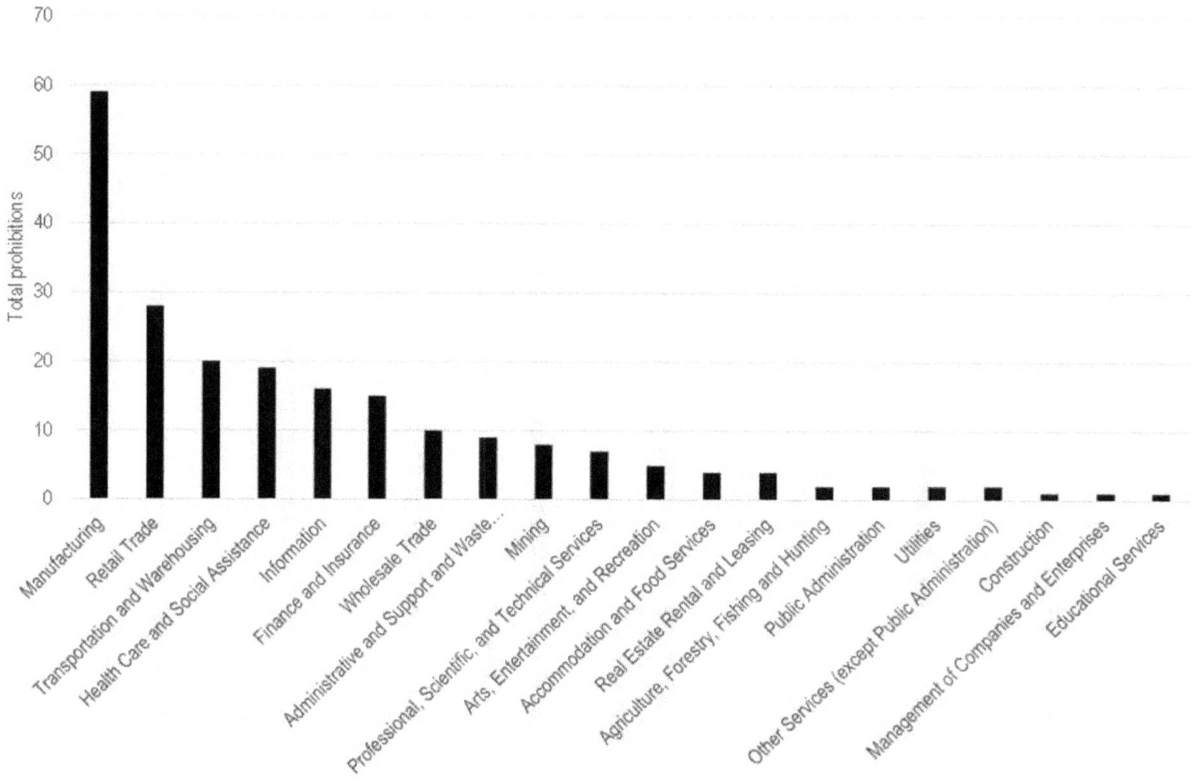

Fonte: OCSE e informazioni provenienti dai siti web delle autorità garanti della concorrenza e dai rapporti annuali condivisi dalle autorità garanti con l'Organizzazione.

StatLink https://stat.link/uwv59y

Grafico 3.11. Divieti totali per settore (NAICS) e teoria del danno concorrenziale, 2015-2022

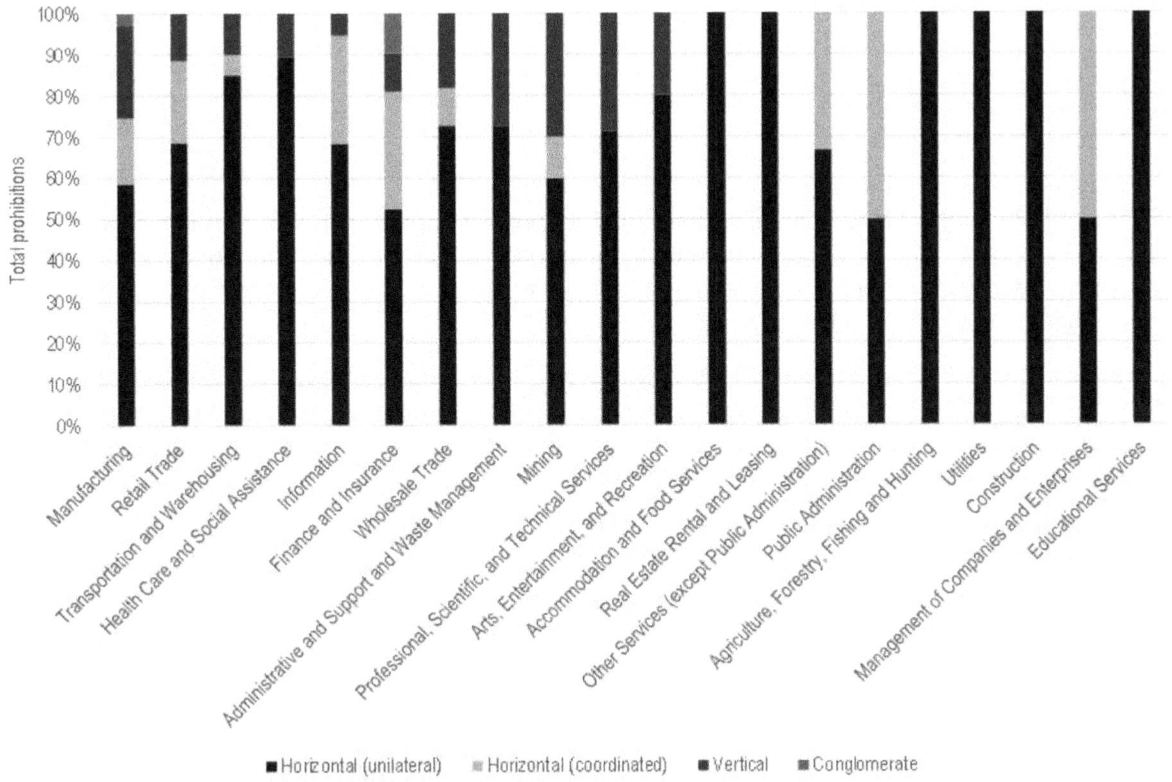

Fonte: OCSE e informazioni provenienti dai siti web delle autorità garanti della concorrenza e dai rapporti annuali condivisi dalle autorità garanti con l'Organizzazione.

StatLink https://stat.link/apur7s

Allegato A. Fonti della banca dati *CompStats*

Nel 2018, sotto la supervisione dell'Ufficio del Comitato per la concorrenza, il Segretariato dell'OCSE ha lanciato un'iniziativa volta a sviluppare una banca dati per raccogliere le statistiche generali concernenti le autorità garanti della concorrenza, includendo dati relativi all'applicazione delle norme nonché informazioni sulle iniziative di promozione della concorrenza.

Alcune statistiche relative alle attività delle autorità garanti della concorrenza sono già di dominio pubblico. Tuttavia, tali informazioni spesso risultano dispersive, mancano di coerenza nel tempo e tra le giurisdizioni, e attualmente non vengono utilizzate sistematicamente per individuare tendenze generali dalle quali trarre insegnamenti per la definizione di politiche. La presente iniziativa intende colmare tale divario.

Il Segretariato dell'OCSE raccoglie, su base annua, dati provenienti da: (i) autorità garanti della concorrenza nelle giurisdizioni appartenenti all'OCSE; (ii) autorità delle giurisdizioni non appartenenti all'OCSE che risultano essere Partecipanti o Associati nel Comitato per la concorrenza dell'Organizzazione; (iii) autorità delle giurisdizioni che non appartengono all'OCSE né risultano essere Partecipanti o Associati nel Comitato per la concorrenza dell'Organizzazione, ma che hanno espresso un interesse a essere incluse nella banca dati.

Giurisdizioni

La banca dati *CompStats* dell'OCSE attualmente include dati provenienti dalle autorità garanti della concorrenza di 77 giurisdizioni, 38 delle quali appartengono all'OCSE (inclusa la Commissione europea).[3]

L'analisi tiene conto di quattro aree geografiche: Americhe, Asia-Pacifico, Europa e Medio Oriente e Africa (MOA). Le 77 giurisdizioni presenti nella banca dati *CompStats* dell'OCSE sono distribuite nelle suddette regioni come indicato di seguito (le giurisdizioni contrassegnate da un asterisco (*) vengono considerate come appartenenti all'OCSE ai fini dell'analisi dei dati):

- Americhe (18): Argentina, Barbados, Brasile, Canada*, Cile*, Colombia*, Costa Rica*, Ecuador, El Salvador, Messico*, Nicaragua, Panama, Paraguay, Perù, Repubblica Dominicana, Stati Uniti*, Trinidad e Tobago, Uruguay.
- Asia-Pacifico (15): Australia*, Bangladesh, Brunei, Corea*, Filippine, Giappone*, Hong Kong (Cina), India, Indonesia, Kazakistan, Malesia, Nuova Zelanda*, Singapore, Taipei cinese, Vietnam.
- Europa (34): Albania, Austria*, Belgio*, Bulgaria, Cechia*, Commissione europea*, Croazia, Danimarca*, Estonia, Finlandia*, Francia*, Germania*, Grecia*, Irlanda*, Islanda*, Italia*, Lettonia*, Lituania*, Lussemburgo*, Malta, Montenegro, Norvegia*, Paesi Bassi*, Polonia*, Portogallo*, Regno Unito*, Romania, Slovacchia*, Slovenia*, Spagna*, Svezia*, Svizzera*, Ucraina, Ungheria*.
- MOA (10): Arabia Saudita, Botswana, Egitto, Israele*, Kenya, Mauritius, Mercato comune dell'Africa orientale e australe (COMESA), Sudafrica, Tunisia, Turchia*.

Periodo

La banca dati *CompStats* dell'OCSE comprende dati annuali raccolti nell'arco di otto anni per il periodo 2015-2022.

Dati

Le seguenti sezioni sono attualmente incluse nella banca dati *CompStats* dell'OCSE. In totale le variabili sono 34.

1. Informazioni generali

- Bilancio
- Numero di effettivi
- Numero di effettivi impiegati dalle autorità per la concorrenza

2. Cartelli e altri accordi anticoncorrenziali

- Numero di decisioni
- Numero di decisioni per settore
- Numero di decisioni in materia di turbativa d'asta
- Numero di decisioni su accordi verticali
- Numero di casi conclusi con *settlement* o patteggiamento
- Numero di casi con procedure negoziate o consensuali per i casi conclusi con *settlement*
- Numero di richieste di trattamento favorevole
- Numero di istruttorie d'ufficio avviate
- Numero di casi con ricorso a ispezioni
- Numero totale di ammende inflitte
- Numero di società a cui sono state inflitte ammende
- Numero di casi in cui sono state inflitte ammende a persone fisiche
- Numero di casi in cui è stata inflitta una pena detentiva a persone fisiche

3. Abuso di posizione dominante e comportamento unilaterale

- Numero di decisioni
- Numero di decisioni per settore
- Numero di casi conclusi con *settlement* o patteggiamento
- Numero di casi con procedure negoziate o consensuali per i casi conclusi con *settlement*
- Numero di istruttorie avviate
- Numero di casi con ricorso a ispezioni
- Numero totale di ammende inflitte
- Numero di società a cui sono state inflitte ammende

4. Fusioni e acquisizioni

- Numero di notifiche
- Numero di autorizzazioni in Fase 1 (o fase singola)
- Numero di autorizzazioni con rimedi in Fase 1 (o fase singola)
- Numero di autorizzazioni in Fase 2 (dopo un'istruttoria approfondita)
- Numero di autorizzazioni con rimedi in Fase 2

- Numero di divieti (o procedimenti giudiziari) in Fase 2
- Numero di notifiche di ritiro dalla fusione delle parti in Fase 2

5. *Attività di promozione della concorrenza*

- Numero di indagini di mercato
- Numero di opinioni formali riguardo ad attività di promozione della concorrenza rilasciate a governi, regolatori, legislatori
- Numero di eventi organizzati per attività di promozione della concorrenza

6. *Dati pubblici supplementari*

Al fine di ampliare la banca dati e garantire un'analisi migliore e più approfondita, il Segretariato ha aggiunto alla banca dati le seguenti variabili:

- Prodotto interno lordo (PIL, prezzi correnti, parità di potere d'acquisto) e dati sull'inflazione tratti dalla banca dati degli Indicatori di sviluppo mondiale della Banca Mondiale. Per alcune giurisdizioni (Giappone e Taipei cinese), i dati sul PIL provengono dal Fondo Monetario Internazionale (PIL, prezzi correnti, parità di potere d'acquisto)
- Dati sulla popolazione tratti dal *World Population Prospects 2019* delle Nazioni Unite
- Anno di attuazione della legge sulla concorrenza
- Anno di istituzione dell'autorità garante della concorrenza
- Anno di adozione del controllo delle fusioni
- Caratteristiche dei regimi di controllo delle fusioni nella banca dati *CompStats* (notifica obbligatoria o volontaria delle fusioni, requisiti per le tasse di deposito, criteri selezionati per stabilire la soglia di notifica delle fusioni, utilizzo di un regime semplificato per le fusioni e approcci con una o due fasi)

Autorità garanti della concorrenza nella banca dati *CompStats* dell'OCSE

Le seguenti autorità garanti della concorrenza hanno fornito informazioni per contribuire alla banca dati *CompStats* dell'OCSE.

Tabella A A.1. Autorità garanti della concorrenza nella banca dati *CompStats* dell'OCSE

Giurisdizione	Autorità garante della concorrenza (denominazione in italiano)
Albania	Autorità garante della concorrenza albanese (AK)
Argentina	Commissione nazionale di difesa della concorrenza argentina (DNCA)
Australia	Commissione australiana per la concorrenza e per i consumatori (ACCC)
Austria	Autorità federale austriaca per la concorrenza (BWB)
Bangladesh	Commissione per la concorrenza del Bangladesh (BCC)
Barbados	Commissione per il commercio equo e solidale di Barbados (FTC)
Belgio	Autorità garante della concorrenza belga (ABC)
Botswana	Autorità per la concorrenza e i consumatori del Botswana (CCA)
Brasile	Consiglio amministrativo per la difesa economica (CADE)
Brunei	Commissione per la concorrenza del Brunei (CCBD) Dipartimento degli affari per la concorrenza e i consumatori (DCCA) – Dipartimento per la pianificazione economica e le statistiche – Ministero dell'Economia e delle Finanze
Bulgaria	Commissione bulgara per la tutela della concorrenza (CPC)
Canada	Ufficio per la concorrenza canadese

Giurisdizione	Autorità garante della concorrenza (denominazione in italiano)
Cile	Procuratore nazionale per l'economia (FNE) Tribunale per la Difesa della Libera Concorrenza
Colombia	Soprintendenza per l'industria e il commercio (SIC)
COMESA	Commissione per la concorrenza del COMESA
Costa Rica	Commissione per la promozione della concorrenza (COPROCOM) Soprintendenza per le telecomunicazioni della Costa Rica (SUTEL)
Croazia	Agenzia per la concorrenza della Croazia (CCA)
Cechia	Ufficio per la tutela della concorrenza
Danimarca	Autorità danese per la concorrenza e i consumatori (DCCA)
Repubblica Dominicana	Commissione nazionale per la difesa della concorrenza della Repubblica Dominicana
Ecuador	Soprintendenza per il controllo del potere dei mercati
Egitto	Autorità egiziana per la concorrenza (ECA)
El Salvador	Soprintendenza per la concorrenza
Estonia	Ufficio estone per la concorrenza
Commissione europea	Commissione europea-Direzione generale della concorrenza (DG COMP)
Finlandia	Autorità finlandese per la concorrenza e i consumatori (FCCA)
Francia	Autorità francese per la concorrenza
Germania	Ufficio federale per i cartelli della Repubblica federale di Germania (BKartA)
Grecia	Commissione ellenica per la concorrenza (HCC)
Hong Kong, Cina	Commissione per la concorrenza (Hong Kong)
Ungheria	Ufficio ungherese per la concorrenza economica (GVH)
Islanda	Autorità islandese di concorrenza (ICA)
India	Commissione indiana per la concorrenza (CCI)
Indonesia	Commissione indonesiana per la concorrenza (ICC)
Irlanda	Commissione irlandese per la concorrenza e la tutela dei consumatori (CCPC)
Israele	Autorità israeliana per la concorrenza (ICA)
Italia	Autorità Garante della Concorrenza e del Mercato (AGCM)
Giappone	Commissione giapponese per il commercio equo e solidale (JFTC)
Kazakistan	Agenzia per la tutela e lo sviluppo della concorrenza
Kenya	Autorità per la concorrenza del Kenya (CAK)
Corea	Commissione per il commercio equo e solidale della Corea del Sud (KFTC)
Lettonia	Consiglio lettone della concorrenza (CC)
Lituania	Consiglio lituano della concorrenza (KT)
Lussemburgo	Consiglio per la concorrenza del Lussemburgo
Malesia	Commissione malesiana per la concorrenza (MyCC)
Malta	Autorità maltese per la concorrenza e i consumatori (MCCAA) – Ufficio per la concorrenza
Mauritius	Commissione per la concorrenza delle Mauritius (CCM)
Messico	Commissione federale della concorrenza economica (Cofece) Istituto federale messicano delle telecomunicazioni (IFETEL)
Montenegro	Agenzia per la tutela della concorrenza
Paesi Bassi	Autorità per i consumatori e i mercati (ACM)
Nuova Zelanda	Commissione del commercio della Nuova Zelanda (NZCC)
Nicaragua	Istituto nazionale per la promozione della concorrenza (PROCOMPETENCIA)
Norvegia	Autorità norvegese per la concorrenza
Panama	Autorità per la tutela dei consumatori e la difesa della concorrenza
Paraguay	Commissione nazionale per la concorrenza (CONACOM)
Perù	Istituto Nazionale per la Difesa della Libera Concorrenza e la Protezione della Proprietà Intellettuale (INDECOPI)
Filippine	Commissione per la concorrenza delle Filippine (PCC)
Polonia	Ufficio per la tutela della concorrenza e dei consumatori (UOKiK)
Portogallo	Autorità portoghese per la concorrenza (AdC)
Romania	Consiglio romeno della concorrenza
Arabia Saudita	Autorità generale per la concorrenza (GAC)
Singapore	Commissione della concorrenza e dei consumatori (CCCS)

Giurisdizione	Autorità garante della concorrenza (denominazione in italiano)
Slovacchia	Ufficio Antimonopolio della Repubblica Slovacca
Slovenia	Agenzia pubblica della Repubblica di Slovenia per la tutela della concorrenza
Sudafrica	Commissione per la concorrenza del Sudafrica
Spagna	Commissione nazionale spagnola per i mercati e la concorrenza (CNMC)
Svezia	Autorità svedese per la concorrenza
Svizzera	Commissione della concorrenza (COMCO)
Taipei cinese	Commissione per il commercio equo e solidale di Taipei cinese (FTC)
Trinidad e Tobago	Commissione per il commercio equo e solidale di Trinidad e Tobago (TTFTC)
Tunisia	Consiglio per la concorrenza della Tunisia (CCT)
Turchia	Autorità per la concorrenza turca
Ucraina	Comitato antimonopolio dell'Ucraina (AMCU)
Regno Unito	Autorità per la concorrenza e i mercati (CMA)
Stati Uniti	Divisione Antitrust del Dipartimento di Giustizia Ufficio per la concorrenza della Commissione federale del commercio
Uruguay	Commissione per la promozione e la tutela della concorrenza
Vietnam	Autorità per la concorrenza e i consumatori del Vietnam (VCC)

Note

[1] Il bilancio in valore reale viene calcolato adattando il valore del bilancio nominale al tasso di inflazione presentato annualmente in ciascuna giurisdizione.

[2] Si noti che il Regno Unito e la Nuova Zelanda adottano un regime di fusione volontario, pertanto le fusioni che vengono notificate risultano di per sé più problematiche. Tale fenomeno potrebbe influenzare la percentuale di notifiche di fusioni contestate dall'autorità garante.

[3] La Commissione europea partecipa al lavoro dell'OCSE, in conformità con il Protocollo aggiuntivo alla Convenzione sull'Organizzazione per la Cooperazione e lo Sviluppo Economico.

www.ingramcontent.com/pod-product-compliance
Lightning Source LLC
LaVergne TN
LVHW082053051026
849532LV00011B/3575
* 9 7 8 9 2 6 4 6 2 5 4 1 9 *